Gabriel Chalita

Semeadores da esperança

Uma reflexão sobre
a importância do professor

Semeadores da esperança

Direção geral: Donaldo Buchweitz
Coordenação editorial: Cristina Nogueira da Silva
Assistente editorial: Elisângela da Silva
Preparação: Sueli Brianezi Carvalho
Revisão: Silvana Pierro
Projeto gráfico: Cristina Nogueira da Silva
Diagramação: Marco Antônio B. Ferreira

Dados Internacionais de Catalogação na Publicação (CIP)
(Câmara Brasileira do Livro, SP, Brasil)

```
Chalita, Gabriel
   Semeadores da esperança : uma reflexão sobre a
importância do professor / Gabriel Chalita. --
São Paulo : Ciranda Cultural, 2009. -- (Coleção
cultivar)

   Bibliografia.
   ISBN 978-85-380-0560-5

   1. Educação 2. Educação como profissão 3. Ética
4. Pedagogia 5. Prática de ensino 6. Professores
I. Título. II. Série.


09-05127                                    CDD-371.1
```

Índices para catálogo sistemático:

1. Professores : Profissão : Educação   371.1

Ciranda Cultural

CIRANDA CULTURAL EDITORA E DISTRIBUIDORA LTDA.
Rua Frederico Bacchin Neto, 140 - cj. 06 - São Paulo - SP
Tel.: (11) 3761-9500 – www.cirandacultural.com.br

Dedicatória

Aos eternos e universais educadores brasileiros, Anísio Teixeira e Paulo Freire.

Velho tema I

Só a leve esperança, em toda a vida,
disfarça a pena de viver, mais nada;
nem é mais a existência, resumida,
que uma grande esperança malograda.

O eterno sonho da alma desterrada,
sonho que a traz ansiosa e embevecida,
é uma hora feliz, sempre adiada,
e que não chega nunca em toda a vida.

Essa felicidade que supomos,
árvore milagrosa que sonhamos
toda arriada de dourados pomos,

Existe, sim; mas nós não a alcançamos,
porque está sempre apenas onde a pomos
e nunca a pomos onde nós estamos.

Vicente de Carvalho

Esperança[*]

Lá bem no alto do décimo segundo andar do Ano
Vive uma louca chamada Esperança
E ela pensa que quando todas as sirenas
Todas as buzinas
Todos os reco-recos tocarem
Atira-se
E – ó delicioso voo!
Ela será encontrada miraculosamente incólume na calçada,
Outra vez criança...
E em torno dela indagará o povo:
– Como é teu nome, meninazinha de olhos verdes?
E ela lhes dirá
(É preciso dizer-lhes tudo de novo!)
Ela lhes dirá bem devagarinho, para que não esqueçam:
– O meu nome é ES-PE-RAN-ÇA...

Mario Quintana

---

[*] QUINTANA, Mario. *Baú de Espantos*. São Paulo: Editora Globo, 1998.
© by Elena Quintana.

Oferecimento

Para Betinha e Cidinha, por cuidarem
com tanto amor dos professores e alunos
da Pontifícia Universidade Católica de São Paulo.

Sumário

Palavras iniciais 11

Capítulo I - A construção da Ética 17

Capítulo II - O novo desafio do conhecimento ... 35

Capítulo III - O poder da ternura 47

Capítulo IV - Ensinar – um ato de generosidade 61

Capítulo V - Os medos contemporâneos do professor 79

Capítulo VI - Os sonhos contemporâneos do professor 91

Palavras iniciais

Semeadores são aqueles que se dedicam a fomentar a vida. Semeiam porque acreditam na dádiva futura de cada semente. Semeiam porque sabem que os frutos da existência dependem da fertilidade dos campos.

No cultivo da vida, como no amanhar da terra, é preciso permanente cuidado. Antes, durante e depois. O prêmio é a boa colheita que alimenta.

Professores são semeadores. Semeadores da esperança. Este livro é uma homenagem a mulheres e homens que fazem da vida uma lição de amor. Isso mesmo. Sem medo das múltiplas possibilidades de interpretação que a palavra amor – a mais bela que existe –, ou o conceito de educar com amor, possa ensejar.

Em uma sala de aula, só o amor pode inspirar as relações de ensino e aprendizagem de forma a permitir a transformação pelo conhecimento.

Não se deve reduzir o processo de aprendizagem a uma mera transferência de informações. Não se deve restringir o papel do mestre a alguém que decorou textos ou fórmulas, e que consegue, com algum esforço, cumprir um currículo predeterminado.

Que frustrante ver o reducionismo a que submetem o professor!

Não são poucas as tentativas de engessamento do professor, para que o conteúdo de sua disciplina seja transmitido exatamente como estabelecido por instituições ou governos cuja única finalidade parece ser alcançar uma melhora de resultado nos testes de avaliação. Avaliar é essencial, evidentemente. Entretanto, nunca é demais lembrar que avaliação é diagnóstico, não castigo. É um instrumento que ajuda a corrigir rotas, não uma disputa insana que, em última análise, reduz o aluno e o seu aparente conhecimento a meros dados estatísticos.

Sem liberdade, não há educação. O aluno tem de ser preparado para a vida. Para a convivência com o outro. Para a felicidade. Isso sim é uma prova de amor. O mestre conduz ou instiga ou problematiza ou convida de forma sedutora o seu aprendiz a navegar com ele pelos inquietantes mares do conhecimento. Não há aprendizado. É preciso ser despertado para isso.

Despertar é outro verbo essencial nessa trajetória do conhecimento. Despertar para a novidade do instante. Despertar para a curiosidade, a imaginação. Despertar para a consciência dos problemas que estão por aí e que precisam ser solucionados.

Este livro é apenas um instrumento para essa reflexão. Na minha vida de educador, tenho conhecido experiências extraordinárias, que nascem da prática de professores apaixonados pelo que fazem. Tenho conhecido também histórias frustrantes de gestores autoritários, destrutivos. Há alguns que são assim porque deixam enterradas as suas virtudes. São viciados em um poder mesquinho. Outros vivem presos à rotina. Acabam tornando-se burocratas, porque perderam o sonho primeiro de contribuir para a formação do espírito das novas gerações.

Àqueles que amam, quando se cansam do compromisso inicial, pelo qual se predispuseram a dedicar suas vidas, restam três caminhos a percorrer. O primeiro é o do não caminho: permanecer como se encontram, na certeza de que é tarde para inovar. O segundo caminho é o da partida: abandonar a vida cansada de um amor que não se reinventou, e buscar algo novo. E o terceiro é o da reconstrução: reviver a sensação do primeiro encontro e a sua promessa de eternidade.

Aos mestres das salas de aula, a mesma lição se aplica. Os professores que optam pelo não caminho prestam um enorme desserviço ao universo do aprendizado. Cansados, desestimulados, indignados pela escolha de vida que fizeram, não têm coragem de sair do lugar. Há também aqueles que trocam de profissão, e vão em busca de algo que realmente lhes traga realização. Sentem que não nasceram para o ofício da sala de aula. E, por fim, existem os professores que desanimam, que se cansam – o que é absolutamente natural –, que têm dúvidas, medos, mas que viajam ao reencontro daquela motivação inicial, que os inspirou a conceber a sala de aula como o palco em que o enredo da vida deve acontecer.

Este é o meu desejo de professor: convidar os meus colegas de profissão, que abraçam essa mesma causa, que laboram nessa mesma escola, a revisitar o que um dia nos motivou a professar amor, a reviver aquela primeira impressão que tivemos quando entramos na sala de aula, as inseguranças todas que se misturavam ao medo de não dar certo, os primeiros ensaios, as aulas truncadas pela preocupação de se perceber o quão pouco sabíamos. Éramos viajantes de primeira viagem e tínhamos direito de errar. Ainda temos esse direito. Só não temos o direito de abrir mão do privilégio dessa viagem, da prerrogativa de educar. Não se pode ensinar sem motivação. É preciso resgatar a primeira impressão.

Certa vez, ouvi do inesquecível ator Paulo Autran a confissão de sua apreensão a cada novo espetáculo. Segundo ele, a ansiedade dos primeiros anos de profissão continuava inalterada, mesmo depois de sua consagração nos palcos. Eram neles, aliás, que ele enfrentava seus mais importantes desafios, onde seus personagens ganhavam vida nova a cada apresentação. Disse-me mais: ainda que na mesma montagem, com o mesmo texto e os mesmos atores, o espetáculo não deveria se repetir. A plateia muda, as reações do auditório geram, então, a nova energia necessária para que a máquina das emoções se ponha a funcionar. Os atores podem ser os mesmos, mas seus personagens precisam surpreender a cada encenação. O texto pode ser o mesmo, mas deve provocar novos entendimentos a cada interpretação.

Semeadores da esperança, como o mundo precisa disso! Os avanços verificados nas mais diversas áreas do conhecimento, ao longo da história da humanidade, não foram por si suficientes para tornar a convivência pacífica entre os homens mais efetiva e duradoura. Somente pela superação do preconceito, da discriminação, do ódio, da alienação e da arrogância, será possível alcançar o estado de bem-estar social que almejamos em plenitude.

Esta é a esperança a ser semeada: transmitir conhecimentos na perspectiva de se contribuir para a construção de um mundo melhor.

Aos professores, uma homenagem e um convite. Sua escolha foi correta, e por isso merecem toda homenagem. Se olharmos para trás e imaginarmos o que ainda há de vir, conseguiremos manter o prazer de ensinar em nossas vidas. Um prazer vivido e revivido na consciência do dever cumprido. E o convite é: não nos acomodemos, busquemos nossa motivação inicial, a primeira impressão dessa profissão de amor. Independentemente do quanto já caminhamos, ainda resta um longo caminho pela frente, e os caminhantes valorosos não permanecerão parados por muito tempo.

Gabriel Chalita
Dezembro de 2008

Capítulo I

A construção da Ética

Muito já escrevi sobre o tema da Ética, mas acredito que, mesmo correndo o risco de repetir alguns conceitos, não poderia me furtar a tratar novamente desse assunto, com um sabor renovado.

Desde criança, lembro-me de que gostava de ensinar. Ensinava aos meus avós em um quadro verde que ganhara de presente no Natal. Minha avó não falava muito bem o português. Era síria. Mas era uma aluna atenta. Talvez ela gostasse da sonoridade com que algumas palavras, sem sentido, eram pronunciadas por um neto que não parava quieto. Comecei a dar aulas em escolas públicas, depois em escolas particulares, faculdades, cursos de mestrado, doutorado, e não parei mais. Nunca deixei a sala de aula, mesmo quando assumi postos em organizações e governos. A sala de aula sempre foi o meu mundo.

É nela que encontro alunos, sonhos, medos, frustrações, desafios. Na sala de aula, encontro a mim mesmo. Na sala de aula, procuro cumprir com dignidade o meu ofício. Não é fácil, mas é o que eu sei fazer e o que me dá prazer. A cada nova turma – evocando o que me disse Paulo Autran a respeito das emoções por ele vivenciadas, cada vez que subia aos palcos –, tento associar o medo ao desafio, porque o medo educado vira coragem. E é preciso coragem para ser professor. É preciso coragem para viver.

O mundo não está pronto, ele está em construção. Isso nos impõe o desafio de acompanhar a sua permanente evolução, assumindo a parcela de responsabilidade que nos cabe no exercício do convívio social. A conduta em sociedade implica a observância de normas, preceitos e valores que nos possibilitam agir de forma justa e aceitável em relação aos demais. Esta é, aliás, a reflexão fundamental da Ética: como nos comportar perante os outros? Em nossas relações cotidianas, temos de compreender que os atos que praticamos, via de regra, afetam as pessoas com as quais interagimos, e que é preciso cuidar para que as nossas ações sejam inspiradas por uma disposição constante de fazer o bem, como fator essencial para uma existência plena e feliz.

A Ética na relação entre professores e alunos busca a valorização de ambos. Faz-se necessário que o professor não veja o educando como um objeto, mas como um sujeito, e vice-versa. Quando isso não acontece, a relação carece de Ética, porque a falta de respeito dá lugar a uma disputa de poder. O professor precisa se lembrar de que só ensina quem está disposto a aprender. Ensinamento sem aprendizagem não existe e vice-versa.

O professor ético sabe que tem um conteúdo com o qual terá de trabalhar, e por isso não se afasta do rigor científico e metodológico. Isso, entretanto, é o mínimo. Mas é preciso mais. É preciso que esse conhecimento esteja a serviço da Ética.

De nada adianta para a vida em sociedade, um aprendiz que ficou grande parte da sua vida decorando textos, tratados, fórmulas, mas que não consegue perceber sua relação com a vida. Paulo Freire insistia muito nessa prática transformadora do processo educativo. A educação começa na casa, na escola, no bairro, na cidade e assim por diante. O que se aprende se usa para melhorar a vida.

Um outro fator determinante da Ética é o respeito à diferença. O preconceito precisa ser banido da sociedade e a educação é a grande força para vencer essa mesquinheza de gente contra gente. Não se pode admitir superioridade por razão nenhuma.

Raça, gênero, etnia, credo, posição social, orientação sexual, entre outros. Não existe cidadão de primeira ou de segunda categoria. Diferença não é sinônimo de desigualdade. A história já nos ensinou por meio da dor que todo ser humano tem direito à dignidade.

É importante que se aborde também a responsabilidade diante da verdade. É possível que educadores discordem uns dos outros, até porque não existe neutralidade na ação humana. É possível e necessário que teorias diferentes convivam em um mesmo espaço educativo. O que não se permite no universo da Ética é a ausência da verdade. São pseudointelectuais que se valem de argumentos falaciosos para desmerecer uma teoria ou um pensador.

A Ética ajuda o professor e o aluno a perceberem que, mesmo em um mundo notadamente competitivo, há espaço para a cooperação. As pessoas precisam aprender a se ajudar para que o mundo fique mais bonito.

Bondade e boniteza são duas palavras de origem semelhante. A raiz latina é a palavra *bonus*, de onde se derivou *bonitas* e *bonitátis*, que significa "de alta qualidade". Assim, ser bom é também ser bonito. Há poesia na relação entre essas palavras. Uma pessoa boa se torna bonita. A beleza está na capacidade que o outro tem de fazer bela a vida, o que só se consegue com a bondade. Esse é um ensinamento que não pode ser esquecido.

Uma vez, ao expor a meus alunos da Faculdade de Direito da Pontifícia Universidade Católica de São Paulo algumas reflexões aristotélicas sobre as noções de desejo, escolha e aspiração, disse-lhes que Aristóteles considerava os desejos inferiores às escolhas porque, como somos racionais, deliberamos sobre o que desejamos. Isso é escolher. Aspirar, por sua vez, está acima de escolher. A aspiração é o que move a nossa vida.

Quis, então, saber daqueles alunos quais eram as suas aspirações. As respostas foram surgindo, e cada um contava o sonho que tinha na vida: ser juiz, promotor, advogado, delegado, diplomata, professor, pai de família, mãe. E eu insistia que tudo aquilo era nobre, mas não poderia ser entendido como objeto de aspirações. Se o fim de uma aspiração fosse apenas o de "ser juiz", por exemplo, ele haveria de ser alcançado mediante a simples aprovação num concurso para a magistratura ou pela investidura no cargo de juiz. É preciso algo mais, que não se esgote a partir de uma mera conquista, para se caracterizar uma aspiração. E os alunos, aos poucos, foram compreendendo esse conceito aristotélico. A partir daí, as respostas passaram a ser diferentes: um respondeu que aspirava a "ser feliz"; outro, a "ser um bom juiz", e assim por diante. Ser juiz não é uma aspiração; ser um bom juiz, sim. O desafio de ser um bom juiz não se encerra quando se passa em um concurso. Da mesma forma, ser professor não é uma aspiração; ser um bom professor, sim.

"Para entender o coração e a mente de uma pessoa, não olhe para o que ela já conseguiu, mas para o que ela aspira", dizia o filósofo e poeta libanês Gibran Khalil Gibran. E aí vai um desafio: ajudar o aluno a encontrar a sua aspiração. Não se pode conviver passivamente com uma considerável parcela da juventude que abdicou do direito de ter aspirações.

O mundo excessivamente individualista não contribui para o companheirismo. Essa palavra singular vem do latim vulgar *compania*. É formada pela preposição *cum* (com) mais o substantivo *panis* (pão). Pessoas que juntas comem o pão. Esse é o seu significado. Pessoas que comem juntas aquilo que é sagrado. O companheirismo tem o condão de dividir para alimentar.

O que se observa é o contrário desse companheirismo. Pessoas que são treinadas para trapacear, para levar vantagem, para vencer independentemente das armas utilizadas. Ou simplesmente para se trancar. A omissão é tão grave quanto a ação injusta. Fechar os olhos para a paisagem não a torna mais bela.

Ser ético é ser bom e belo. É ser correto. Santo Agostinho falava do princípio da não contradição segundo o qual ninguém poderia ser justo consigo mesmo se fosse injusto com o outro. A Ética permeia essa relação de respeito, de cuidado para com o outro. É a consciência que faz com que não se fique impune ao logro, ao jogo de intrigas e inverdades que se cria para vencer o outro.

A Ética é, enfim, a arte da boa convivência. É a construção coletiva do bem.

Um dos objetivos deste livro é buscar, na literatura, inspiração para o trabalho dos mestres. Comecemos com um conto do memorável escritor brasileiro-universal, Machado de Assis:

Conto de Escola

A escola era na Rua do Costa, um sobradinho de grade de pau. O ano era de 1840. Naquele dia – uma segunda-feira, do mês de maio – deixei-me estar alguns instantes na Rua da Princesa a ver onde iria brincar a manhã. Hesitava entre o morro de S. Diogo e o Campo de Sant'Ana, que não era então esse parque atual, construção de gentleman, mas um espaço rústico, mais ou menos infinito, alastrado de lavadeiras, capim e burros soltos. Morro ou campo? Tal era o problema. De repente disse comigo que o melhor era a escola. E guiei para a escola. Aqui vai a razão.

Na semana anterior tinha feito dois suetos, e, descoberto o caso, recebi o pagamento das mãos de meu pai, que me deu uma sova de vara de marmeleiro. As sovas de meu pai doíam por muito tempo. Era um velho empregado do Arsenal de

Guerra, ríspido e intolerante. Sonhava para mim uma grande posição comercial, e tinha ânsia de me ver com os elementos mercantis, ler, escrever e contar, para me meter de caixeiro. Citava-me nomes de capitalistas que tinham começado ao balcão. Ora, foi a lembrança do último castigo que me levou naquela manhã para o colégio. Não era um menino de virtudes.

Subi a escada com cautela, para não ser ouvido do mestre, e cheguei a tempo; ele entrou na sala três ou quatro minutos depois. Entrou com o andar manso do costume, em chinelas de cordovão, com a jaqueta de brim lavada e desbotada, calça branca e tesa e grande colarinho caído. Chamava-se Policarpo e tinha perto de cinquenta anos ou mais. Uma vez sentado, extraiu da jaqueta a boceta de rapé e o lenço vermelho, pô-los na gaveta; depois relanceou os olhos pela sala. Os meninos, que se conservaram de pé durante a entrada dele, tornaram a sentar-se. Tudo estava em ordem; começaram os trabalhos.

— "Seu" Pilar, eu preciso falar com você, disse-me baixinho o filho do mestre.

Chamava-se Raimundo este pequeno, e era mole, aplicado, inteligência tarda. Raimundo gastava duas horas em reter aquilo que a outros levava apenas trinta ou cinquenta minutos; vencia com o tempo o que não podia fazer logo com o cérebro. Reunia a isso um grande medo ao pai. Era uma criança fina, pálida, cara doente; raramente estava alegre. Entrava na escola depois do pai e retirava-se antes. O mestre era mais severo com ele do que conosco.

— O que é que você quer?
— Logo, respondeu ele com voz trêmula.

Começou a lição de escrita. Custa-me dizer que eu era dos mais adiantados da escola; mas era. Não digo também que era dos mais inteligentes, por um escrúpulo fácil de entender e de excelente efeito no estilo, mas não tenho outra convicção. Note-se que não era pálido nem mofino: tinha boas cores e músculos de ferro. Na lição de escrita, por exemplo, acabava sempre antes de todos, mas deixava-me estar a recortar narizes no papel ou na tábua, ocupação sem nobreza nem espiritualidade, mas em todo caso ingênua. Naquele dia foi a mesma coisa; tão depressa acabei, como entrei a reproduzir o nariz do mestre, dando-lhe cinco ou seis atitudes diferentes, das quais recordo a interrogativa, a admirativa, a dubitativa e a cogitativa. Não lhes punha esses nomes, pobre estudante de primeiras letras que era; mas, instintivamente, dava-lhes essas expressões. Os outros foram acabando; não tive remédio senão acabar também, entregar a escrita, e voltar para o meu lugar.

Com franqueza, estava arrependido de ter vindo. Agora que ficava preso, ardia por andar lá fora, e recapitulava o campo e o morro, pensava nos outros meninos vadios, o Chico Telha, o Américo, o Carlos das Escadinhas, a fina flor do bairro e do gênero humano. Para cúmulo de desespero, vi através das vidraças da escola, no claro azul do céu, por cima do morro do Livramento, um papagaio de papel, alto e largo, preso de uma corda imensa, que bojava no ar, uma coisa so-

berba. E eu na escola, sentado, pernas unidas, com o livro de leitura e a gramática nos joelhos.

— Fui um bobo em vir, disse eu ao Raimundo.
— Não diga isso, murmurou ele.

Olhei para ele; estava mais pálido. Então lembrou-me outra vez que queria pedir-me alguma coisa, e perguntei-lhe o que era. Raimundo estremeceu de novo, e, rápido, disse-me que esperasse um pouco; era uma coisa particular.

— "Seu" Pilar... murmurou ele daí a alguns minutos.
— Que é?
— Você...
— Você quê?

Ele deitou os olhos ao pai, e depois a alguns outros meninos. Um destes, o Curvelo, olhava para ele, desconfiado, e o Raimundo, notando-me essa circunstância, pediu alguns minutos mais de espera. Confesso que começava a arder de curiosidade. Olhei para o Curvelo, e vi que parecia atento; podia ser uma simples curiosidade vaga, natural indiscrição; mas podia ser também alguma coisa entre eles. Esse Curvelo era um pouco levado do diabo. Tinha onze anos, era mais velho que nós.

Que me quereria o Raimundo? Continuei inquieto, remexendo-me muito, falando-lhe baixo, com instância, que me dissesse o que era, que ninguém cuidava dele nem de mim. Ou então, de tarde...

— De tarde, não, interrompeu-me ele; não pode ser de tarde.
— Então agora...

— *Papai está olhando.*

Na verdade, o mestre fitava-nos. Como era mais severo para o filho, buscava-o muitas vezes com os olhos, para trazê-lo mais aperreado. Mas nós também éramos finos; metemos o nariz no livro, e continuamos a ler. Afinal cansou e tomou as folhas do dia, três ou quatro, que ele lia devagar, mastigando as ideias e as paixões. Não esqueçam que estávamos então no fim da Regência, e que era grande a agitação pública. Policarpo tinha decerto algum partido, mas nunca pude averiguar esse ponto. O pior que ele podia ter, para nós, era a palmatória. E essa lá estava, pendurada do portal da janela, à direita, com os seus cinco olhos do diabo. Era só levantar a mão, despendurá-la e brandi-la, com a força do costume, que não era pouca. E daí, pode ser que alguma vez as paixões políticas dominassem nele a ponto de poupar-nos uma ou outra correção. Naquele dia, ao menos, pareceu-me que lia as folhas com muito interesse; levantava os olhos de quando em quando, ou tomava uma pitada, mas tornava logo aos jornais, e lia a valer.

No fim de algum tempo — dez ou doze minutos — Raimundo meteu a mão no bolso das calças e olhou para mim.

— *Sabe o que tenho aqui?*
— *Não.*
— *Uma pratinha que mamãe me deu.*
— *Hoje?*
— *Não, no outro dia, quando fiz anos...*
— *Pratinha de verdade?*
— *De verdade.*

Tirou-a vagarosamente, e mostrou-me de longe. Era uma moeda do tempo do rei, cuido que doze vinténs ou dois tostões, não me lembro; mas era uma moeda, e tal moeda que me fez pular o sangue no coração. Raimundo revolveu em mim o olhar pálido; depois perguntou-me se a queria para mim. Respondi-lhe que estava caçoando, mas ele jurou que não.

— Mas então você fica sem ela?

— Mamãe depois me arranja outra. Ela tem muitas que vovô lhe deixou, numa caixinha; algumas são de ouro. Você quer esta?

Minha resposta foi estender-lhe a mão disfarçadamente, depois de olhar para a mesa do mestre. Raimundo recuou a mão dele e deu à boca um gesto amarelo, que queria sorrir. Em seguida propôs-me um negócio, uma troca de serviços; ele me daria a moeda, eu lhe explicaria um ponto da lição de sintaxe. Não conseguira reter nada do livro, e estava com medo do pai. E concluía a proposta esfregando a pratinha nos joelhos...

Tive uma sensação esquisita. Não é que eu possuísse da virtude uma ideia antes própria de homem; não é também que não fosse fácil em empregar uma ou outra mentira de criança. Sabíamos ambos enganar ao mestre. A novidade estava nos termos da proposta, na troca de lição e dinheiro, compra franca, positiva, toma lá, dá cá; tal foi a causa da sensação. Fiquei a olhar para ele, à toa, sem poder dizer nada.

Compreende-se que o ponto da lição era difícil, e que o Raimundo, não o tendo aprendido, recorria a um meio que lhe pareceu útil para escapar ao castigo do pai. Se me tem *pedido a coisa por favor, alcançá-la-ia do mesmo modo, como de outras vezes, mas parece que era a lembrança das outras vezes, o medo de achar a minha vontade frouxa ou cansada, e não aprender como queria –, e pode ser mesmo que em alguma ocasião lhe tivesse ensinado mal –, parece que tal foi a causa da proposta. O pobre-diabo contava com o favor –, mas queria assegurar-lhe a eficácia, e daí recorreu à moeda que a mãe lhe dera e que ele guardava como relíquia ou brinquedo; pegou dela e veio esfregá-la nos joelhos, à minha vista, como uma tentação... Realmente, era bonita, fina, branca, muito branca; e para mim, que só trazia cobre no bolso, quando trazia alguma coisa, um cobre feio, grosso, azinhavrado...*

Não queria recebê-la, e custava-me recusá-la. Olhei para o mestre, que continuava a ler, com tal interesse, que lhe pingava o rapé do nariz. – Ande, tome, dizia-me baixinho o filho. E a pratinha fuzilava-lhe entre os dedos, como se fora diamante... Em verdade, se o mestre não visse nada, que mal havia? E ele não podia ver nada, estava agarrado aos jornais, lendo com fogo, com indignação...

– Tome, tome...

Relancei os olhos pela sala, e dei com os do Curvelo em nós; disse ao Raimundo que esperasse. Pareceu-me que o outro nos observava, então dissimulei; mas daí a pouco deitei-lhe outra vez o olho, e – tanto se ilude a vontade! – não lhe vi mais nada. Então cobrei ânimo.

– Dê cá...

Raimundo deu-me a pratinha, sorrateiramente; eu meti-a na algibeira das calças, com um alvoroço que não posso definir. Cá estava ela comigo, pegadinha à perna. Restava prestar o serviço, ensinar a lição e não me demorei em fazê-lo, nem o fiz mal, ao menos conscientemente; passava-lhe a explicação em um retalho de papel que ele recebeu com cautela e cheio de atenção. Sentia-se que despendia um esforço cinco ou seis vezes maior para aprender um nada; mas contanto que ele escapasse ao castigo, tudo iria bem.

De repente, olhei para o Curvelo e estremeci; tinha os olhos em nós, com um riso que me pareceu mau. Disfarcei; mas daí a pouco, voltando-me outra vez para ele, achei-o do mesmo modo, com o mesmo ar, acrescendo que entrava a remexer-se no banco, impaciente. Sorri para ele e ele não sorriu; ao contrário, franziu a testa, o que lhe deu um aspecto ameaçador. O coração bateu-me muito.

– Precisamos muito cuidado, disse eu ao Raimundo.

– Diga-me isto só, murmurou ele.

Fiz-lhe sinal que se calasse; mas ele instava, e a moeda, cá no bolso, lembrava-me o contrato feito. Ensinei-lhe o que era, disfarçando muito; depois, tornei a olhar para o Curvelo, que me pareceu ainda mais inquieto, e o riso, dantes mau, estava agora pior. Não é preciso dizer que também eu ficara em brasas, ansioso que a aula acabasse; mas nem o relógio andava como das outras vezes, nem o mestre fazia caso da escola; este lia os jornais, artigo por artigo, pontuando-os com exclamações, com gestos de ombros, com uma ou duas panca-

dinhas na mesa. E lá fora, no céu azul, por cima do morro, o mesmo eterno papagaio, guinando a um lado e outro, como se me chamasse a ir ter com ele. Imaginei-me ali, com os livros e a pedra embaixo da mangueira, e a pratinha no bolso das calças, que eu não daria a ninguém, nem que me serrassem; guardá-la-ia em casa, dizendo a mamãe que a tinha achado na rua. Para que me não fugisse, ia-a apalpando, roçando-lhe os dedos pelo cunho, quase lendo pelo tato a inscrição, com uma grande vontade de espiá-la.

— Oh! "Seu" Pilar! bradou o mestre com voz de trovão.

Estremeci como se acordasse de um sonho, e levantei-me às pressas. Dei com o mestre, olhando para mim, cara fechada, jornais dispersos, e ao pé da mesa, em pé, o Curvelo. Pareceu-me adivinhar tudo.

— Venha cá! bradou o mestre.

Fui e parei diante dele. Ele enterrou-me pela consciência dentro um par de olhos pontudos; depois chamou o filho. Toda a escola tinha parado; ninguém mais lia, ninguém fazia um só movimento. Eu, conquanto não tirasse os olhos do mestre, sentia no ar a curiosidade e o pavor de todos.

— Então o senhor recebe dinheiro para ensinar as lições aos outros? disse-me o Policarpo.

— Eu...

— Dê cá a moeda que este seu colega lhe deu! clamou.

Não obedeci logo, mas não pude negar nada. Continuei a tremer muito. Policarpo bradou de novo que lhe desse a moeda, e eu não resisti mais, meti a mão no bolso, vagarosamente, saquei-a e entreguei-lha. Ele examinou-a de um e outro lado, bufando de raiva; depois estendeu o braço e atirou-a à rua. E então disse-nos uma porção de coisas duras, que tanto o filho como eu acabávamos de praticar uma ação feia, indigna, baixa, uma vilania, e para emenda e exemplo íamos ser castigados. Aqui pegou da palmatória.

— Perdão, seu mestre... solucei eu.

— Não há perdão! Dê cá a mão! Dê cá! Vamos! Sem-vergonha! Dê cá a mão!

— Mas, seu mestre...

— Olhe que é pior!

Estendi-lhe a mão direita, depois a esquerda, e fui recebendo os bolos uns por cima dos outros, até completar doze, que me deixaram as palmas vermelhas e inchadas. Chegou a vez do filho, e foi a mesma coisa; não lhe poupou nada, dois, quatro, oito, doze bolos. Acabou, pregou-nos outro sermão. Chamou-nos sem-vergonhas, desaforados, e jurou que se repetíssemos o negócio apanharíamos tal castigo que nos havia de lembrar para todo o sempre. E exclamava: Porcalhões! tratantes! faltos de brio!

Eu, por mim, tinha a cara no chão. Não ousava fitar ninguém, sentia todos os olhos em nós. Recolhi-me ao banco, soluçando, fustigado pelos impropérios do mestre. Na sala arquejava o terror; posso dizer que naquele dia ninguém faria igual negócio. Creio que o próprio Curvelo enfiara de medo. Não olhei logo para ele, cá dentro de mim jurava quebrar-lhe a cara, na rua, logo que saíssemos, tão certo como três e dois serem cinco.

Daí a algum tempo olhei para ele; ele também olhava para mim, mas desviou a cara, e penso que empalideceu. Compôs-se e entrou a ler em voz alta; estava com medo. Começou a variar de atitude, agitando-se à toa, coçando os joelhos, o nariz. Pode ser até que se arrependesse de nos ter denunciado; e na verdade, por que denunciar-nos? Em que é que lhe tirávamos alguma coisa?

— Tu me pagas! tão duro como osso! dizia eu comigo.

Veio a hora de sair, e saímos; ele foi adiante, apressado, e eu não queria brigar ali mesmo, na rua do Costa, perto do colégio; havia de ser na rua larga São Joaquim. Quando, porém, cheguei à esquina, já o não vi; provavelmente escondera-se em algum corredor ou loja; entrei numa botica, espiei em outras casas, perguntei por ele a algumas pessoas, ninguém me deu notícia. De tarde faltou à escola.

Em casa não contei nada, é claro; mas para explicar as mãos inchadas, menti a minha mãe, disse-lhe que não tinha sabido a lição. Dormi nessa noite, mandando ao diabo os dois meninos, tanto o da denúncia como o da moeda. E sonhei com a moeda; sonhei que, ao tornar à escola, no dia seguinte, dera com ela na rua, e a apanhara, sem medo nem escrúpulos...

De manhã, acordei cedo. A ideia de ir procurar a moeda fez-me vestir depressa. O dia estava esplêndido, um dia de maio, sol magnífico, ar brando, sem contar as calças novas que minha mãe me deu, por sinal que eram amarelas. Tudo isso, e a pratinha... Saí de casa, como se fosse trepar ao trono de Jerusalém. Piquei o passo para que ninguém chegasse antes de mim à escola; ainda assim não andei tão depressa que amarrotasse as calças. Não, que elas eram bonitas! Mirava-as, fugia aos encontros, ao lixo da rua...

Na rua encontrei uma companhia do batalhão de fuzileiros, tambor à frente, rufando. Não podia ouvir isto quieto. Os soldados vinham batendo o pé rápido, igual, direita, esquerda, ao som do rufo; vinham, passaram por mim, e foram andando. Eu senti uma comichão nos pés, e tive ímpeto de ir atrás deles. Já lhes disse: o dia estava lindo, e depois o tambor... Olhei para um e outro lado; afinal, não sei como foi, entrei a marchar também ao som do rufo, creio que cantarolando alguma coisa: "Rato na casaca"... Não fui à escola, acompanhei os fuzileiros, depois enfiei pela Saúde, e acabei a manhã na Praia da Gamboa. Voltei para casa com as calças enxovalhadas, sem pratinha no bolso nem ressentimento na alma. E contudo a pratinha era bonita e foram eles, Raimundo e Curvelo, que me deram o primeiro conhecimento, um da corrupção, outro da delação; mas o diabo do tambor...

Capítulo II

O novo desafio do conhecimento

O filme *Sociedade dos Poetas Mortos* apresenta um enredo instigante sobre o papel de um professor progressista em uma escola tradicional.

Era o primeiro dia de aula em uma renomada escola na costa leste dos Estados Unidos. Os alunos, sentados em silêncio, esperavam a chegada do professor de literatura, que ainda não conheciam. De repente entra um homem com ar cordial, segurando um livro. É o professor John Keating, interpretado pelo ator Robin Williams. Assobiando calmamente, caminha pela sala, dá uma volta inteira em torno das carteiras dos alunos, e sai. Os estudantes se entreolham, atônitos. Nisso, Keating ressurge na porta e os chama:

"– Venham!"

Os rapazes se atrapalham um pouco com o convite, mas acabam se organizando e seguem o professor. Uma encenação inicial para mostrar, em sentido figurado, que a partir daquele momento todos o seguiriam, aguardando apenas a sua condução generosa.

Chegam a um saguão, em frente a um quadro. Keating dispara a frase:

"– *Oh, captain, my captain!*"

Os moços continuam surpresos, sem saber o que dizer. Keating pergunta:

"– De onde vem essa frase?"

Sem receber resposta, explica:

"– É de um poema de Walt Whitman sobre o presidente norte-americano Abraham Lincoln. Turma, vocês podem me chamar de Sr. Keating, mas os mais audaciosos podem me chamar '*Oh, captain, my captain!*'"

Os alunos se entreolham desconfiados. O professor continua:

"– Deixem-me dissipar alguns rumores, para que não virem fatos: sim, eu também estudei aqui neste inferno e sobrevivi. E não, eu não era naquela época este gigante intelectual." (...)

Os jovens riem desconcertados.

"– Agora... Sr. Pitts?"

Timidamente, um dos rapazes ergue a mão.

"– Abra o livro na página 542. Leia o primeiro verso do poema."

Era um poema de Robert Herrick, chamado "Às virgens que fazem caso do tempo", que dizia: *"Pegue seus botões de rosa enquanto pode. O tempo está voando. A estas horas, amanhã, estarão mortas as flores que hoje riem".*

O professor interrompe a leitura e explica:

"– O termo em latim para expressar esse sentimento é *carpe diem*. Quer dizer: aproveite o dia. Faça a sua vida fantástica."

Essa expressão *carpe diem* é do poeta romano Horácio. É interessante o repertório recheado de conhecimentos históricos e literários utilizados pelo professor para ajudar os alunos a se transformarem. É o conhecimento a serviço da vida.

Esse é o primeiro contato do professor Keating com a sua turma. Seus modos irreverentes, por vezes engraçados, aliados a um poderoso conhecimento de poesia e a uma enorme sensibilidade, vão conquistando os alunos. Seu mote era o de fazer com que cada jovem seguisse a sua paixão e a ela se entregasse.

Em uma das aulas, Keating propõe a leitura do primeiro parágrafo da introdução de um livro de autoria de um teórico da literatura. Quando todos os alunos pensam que aquela será a linha de pensamento do professor, ele surpreende de novo, e determina que todos rasguem as páginas da introdução do livro. Relutantes, eles obedecem. E o professor esclarece:

"– Nós não lemos ou escrevemos poesia porque é bonitinho. Lemos e escrevemos poesia porque somos membros da raça humana. Medicina, advocacia, administração, engenharia são objetivos nobres e necessários para manter-nos vivos. Mas a poesia, a beleza, o romance, o amor... para isso é que vivemos."

Keating lê outro poema de Walt Whitman:

"Oh eu, oh vida!
Das perguntas sempre iguais,
Dos intermináveis comboios de descrentes,
Das cidades a abarrotar de idiotas,
O que há de bom no meio disto,
Oh eu, oh vida? Ó eu! Ó vida!
Resposta: estar aqui.

A vida existe e existe a identidade.
Essa pujante brincadeira continua,
E você pode contribuir com um verso."

Encerra a leitura com uma pergunta:
"– Qual será o verso de vocês?"

Nesse mesmo dia, no almoço com um colega professor, Keating recebe a seguinte observação:

"– Aula interessante você deu hoje, Sr. Keating!

– Desculpe-me se o choquei, Sr. McAllister.

– Não precisa se desculpar. Fiquei fascinado, apesar da falta de fundamento.

– Você acha?

– Você se arrisca ao incentivá-los a serem artistas. Quando perceberem que não são Rembrandts, Shakespeares ou Mozarts vão odiar você.

– Não estamos falando em artistas, mas sim em pensadores.

– Pensadores com 17 anos?

– Engraçado, nunca pensei que você fosse cínico.

– Cínico, não. Realista. *'Mostre-me um coração não afetado por sonhos tolos e eu mostrarei um homem feliz'*.

– *'Mas só nos sonhos pode um homem ser livre. Sempre foi assim e sempre será'*.

– Tennyson?

– Não. Keating."

Estudando a biografia do professor, os alunos descobrem que ele foi membro da Sociedade dos Poetas Mortos. Tratava-se de um clube de literatura em que as pessoas se reuniam para debater questões de escrita e leitura. Um grupo de sete alunos decide revigorar a Sociedade, promovendo sessões de leitura e declamação de histórias e poemas.

John Keating é um homem que irradia bem-querer. Simpático, ousado, engraçado, cúmplice. Distribui amizade, vive e desperta vida em seus alunos.

O filme perpassa por dolorosos acontecimentos. Vale a pena por aquilo que ele é capaz de instigar.

Em *Sociedade dos Poetas Mortos*, o professor Keating surpreende, porque ama e acredita que o conhecimento pode propiciar um novo sentido à vida dos seus alunos. Ama a arte de ensinar. Estimula-os a pensar por si próprios. Todas as suas intervenções são no sentido de despertar a autonomia dos educandos, de classe social privilegiada, mas reféns da vontade e da aspiração de seus pais e do grupo social a que pertencem.

Até mesmo o ato de rasgar o livro simboliza a necessidade de se desenvolver o próprio pensar. Significa superar alguns padrões para que se tenha a coragem de construir outros. Coragem de questionar o convencional, de permitir que a criatividade nasça e desperte a curiosidade, e que ambas estimulem os alunos a participarem do processo de aprendizagem com mais autonomia.

A curiosidade pode ser ingênua e não há mal algum nisso. A criança, por exemplo, demonstra essa ingenuidade ao não ter vergonha de perguntar sobre o que lhe vem à cabeça. E não seria correto o professor ou os pais tentarem destruir essa ingenuidade. Com o tempo, essa curiosidade se torna crítica. Ganha um novo formato, mas continua a ser curiosidade. É disso que vive a ciência, da tentativa de ratificar ou retificar o que já se sabe. Da tentativa de responder aos novos problemas com criatividade. Não existe criatividade sem curiosidade, e não existe curiosidade sem espontaneidade.

O conhecimento, quando se restringe à esfera da memorização, não corresponde à necessidade do aprendiz. Memorizar coisas não significa utilizá-las. Não que o conhecimento seja puramente utilitário. Ao contrário. O que diz o professor no filme é profundamente significativo: "Medicina, advocacia, administração, engenharia são objetivos nobres e necessários para manter-nos vivo. Mas a poesia, a beleza, o romance, o amor... para isso é que vivemos."

Há coisas que são úteis para a profissão que abraçamos. E não há que se imaginar um profissional, por mais afetivo e atencioso que seja, que consiga realizar com responsabilidade sua tarefa sem o conhecimento específico e o ampliado. No caso do professor, é essencial que, além de dominar o conteúdo específico, consiga também dialogar com outros conhecimentos, relacionando-os com a vida.

Esse domínio de conteúdos não deve propiciar uma simples transferência de saber, mas, sim, uma construção coletiva de conhecimento.

Imagine a riqueza dos exemplos presentes no estudo da literatura, que poderiam muito bem servir de instrumento para o combate ao racismo e ao preconceito, por exemplo. A propósito disso, Machado de Assis nos presenteia com um conto genial da literatura, chamado *Pai contra mãe*. Monteiro Lobato, por sua vez, nos proporciona *Negrinha*. Ambos tratam de forma dura e realista da questão do preconceito, e ajudam na luta pela sua eliminação.

Para concluir, esta reflexão de Darcy Ribeiro, em *Noções das Coisas*, de 1995:

Sabedoria*

Vejo por aí muita criança perguntona e não vejo ninguém com paciência para explicar as coisas a elas. Dá pena. Sobretudo, das menininhas de voz esganiçada, perguntando: Por quê? Para quê? Por isso sou professor. Só peço que não me tratem de tio. Não sou tio de ninguém, não. Sou é escritor.

Vou contar para vocês, tintim por tintim, tudo que sei. Não digo que sei tudo, nem digo que o que sei seja sempre verdade. Quem sou eu? Vou dizer aqui, por escrito, o que acho das coisas desse mundo, com a sabedoria que vim juntando a vida inteira. Não sou velho, mais sou meio erado, antigo.

---

* RIBEIRO, Darcy. *Noções de coisas*. São Paulo: FTD, 1995.

Sempre vivi de olho aceso, assuntando, querendo entender. Assim é que aprendi: observando. Mais, ainda, aprendi de oitiva, escutando sabedorias alheias e conferindo. Li, também, muito almanaque e revista e fui guardando na cabeça o que prestava. Estudo mesmo, estudei muito demais, mas aprendi pouco. Tome o que digo aqui como minha opinião, não mais. Se puder desmentir, desminta logo. Respeitarei sua opinião. Se não for bestagem rematada, acato. Nada contra.

Conheci muita gente considerada sábia e quis aprender com elas. Não deu certo. Os sábios são muito minuciosos. Cada qual sabe lá sua coisinha e ignora todo o resto. E o resto é o mundo inteiro. Eles são variadíssimos. Há sábios para toda sorte de coisas. Sábios para bichos — os zoólogos; sábios para plantas — os botânicos; sábios para micróbios — os microbiologistas; sábios para gentes — os etnólogos; sábios para vinhos — os enólogos; até sábios para capins existem — eu não sei é como eles se chamam.

Também há sábios híbridos, que misturam sabedorias para ver se entendem melhor alguma coisa, como os físico-químicos, os químico-físicos, os biofísicos, os geofísicos e outros. Esses doutores formados, que falam com toda a empáfia da sabedoria deles, não são sábios coisa nenhuma. Quase todos são uns ignorantes, como a gente mesmo, só sabem coisas lá da cuca deles, com que ganham a vida.

Há muita gente especializada que, sem ser sábio, sabe alguma coisinha. O diabo é que, quanto mais aprofundam no saber do que sabem, mais ignorantes ficam do resto. Os advogados sabem como enrolar as leis para defender criminosos e ladrões. Vez por outra, defendem inocentes, também. Os médicos sabem algumas das doenças, mas ignoram as outras todas. São muito sujeitos à moda. Quando dão de operar amígdalas, arrancam as amígdalas de todo mundo. O mesmo fazem quando a moda é operar apêndice. Agora, acham que todo mundo está loucão e precisa de pílulas tranquilizantes, ou psico--qualquer-coisa.

Para procurar médico, a gente precisa, primeiro, prestar atenção para ver que doença tem, senão gasta muito dinheiro à toa. Ir a um otorrinolaringologista com dor nos rins é perda de tempo: eles só sabem de otites, de dor de garganta e de espirro desenfreado. Os ortopedistas encanam perna quebrada direitinho, mas não sabem nada de quem sofre do coração. Os engenheiros também são especializados demais: o que sabe fazer pontes, só faz pontes; o que sabe fazer casas, só faz casas.

Às vezes, até penso que quem sabe mesmo é o povo, ou as pessoas que não sabem nada. Mas cada um se vira com o pouco que sabe para ganhar a vida. Se todos os sábios do mundo desaparecessem amanhã, não fariam muita falta. Se o povo acabasse, isso sim seria um desastre. Os sábios morreriam de fome e de sede.

Trate de aprender tudo o que puder. Saber demais não ocupa lugar. Ignorância, sim. A sabedoria anda solta por aí, para a gente aprender o que quiser. Ela está menos nos livros *que nos fazimentos, por isso se diz que quem sabe, faz, quem não sabe, ensina.*

Se o mundo fosse acabar outra vez, num dilúvio, que faria o novo Noé da barca, para salvar a humanidade? Escolha você entre duas soluções. A primeira seria pegar dez sábios de cada profissão, formados em universidades, e levá-los para uma morraria deserta com seus livros e instrumentos de trabalho. A segunda seria catar na feira uns mil feirantes com suas mercadorias e carregar para o mato. Quem salvaria a humanidade?

Capítulo III

O poder da ternura

A ternura é um sentimento leve que toma de emoção o ser humano e o impulsiona a cuidar do seu semelhante. A ternura desbloqueia insensibilidades, destrói friezas porque penetra em lugares que muitas vezes a razão não consegue adentrar. Um pequeno gesto. Um toque. Um olhar. Um sorriso que rouba a cena.

Não há felicidade sem ternura. Um dos mitos da modernidade que já desapareceu foi a suposição de que o homem conseguiria dominar todas as suas emoções. Não pode. Pode fingir, pode disfarçar, pode morrer de inanição. Uma vida sem emoção não é uma vida. E a ternura é a emoção concreta.

No filme *Uma lição de amor*, dirigido por Jessie Nelson, uma menina, Lucy, lê em voz alta uma poesia para o seu pai, Sam, que sofre de uma certa deficiência mental. Ele foi abandonado pela mulher quando Lucy nasceu, e, apesar das dificuldades, trava uma luta para criar a filha. A habilidade de Sam para cuidar da menina, entretanto, é questionada pela Justiça.

Há muitos fatos interessantes no filme, mas um retrata bem a questão da ternura, quando a filha finge achar difícil ler – simulando desconhecer o que, de fato, sabia –, apenas para que seu pai, que apresentava dificuldades efetivas de leitura, não se sentisse diminuído perante ela. Dessa forma, com apenas sete anos, a filha procura valorizar o pai.

No prosseguimento da história, a pendenga judicial é decidida, temporariamente, com a cessão da guarda da filha a uma moça chamada Randy e seu marido. Quando Lucy vai morar com seus novos responsáveis, Sam aluga um apartamento vizinho à residência do casal. Isso faz com que Lucy, com frequência, fuja do seu quarto, à noite, para ir até o local onde seu pai está residindo, para com ele dormir. Invariavelmente, Sam traz Lucy adormecida de volta à casa adotiva, numa demonstração de respeito ao casal e à decisão de aguardar um pronunciamento definitivo da Justiça sobre a pretensão de recuperar a guarda da filha.

Certa noite, a situação se inverte. É a noite que precede o julgamento final, quando será decidida a custódia da menina. A cena mostra Randy, a candidata a mãe adotiva de Lucy, batendo à porta do apartamento de Sam. Quando ele abre, a vizinha, segurando a criança adormecida nos braços, estende-a e a entrega ao pai, admitindo que ali é o lugar dela. Num gesto de reconhecimento pela afeição que Randy tem para com sua filha, Sam, por sua vez, pede sua ajuda.

O diálogo que se dá é o seguinte:

"*Randy*: – Ela está bem. Desculpe-me. Ela adormeceu no carro. Eu estava voltando para colocá-la na cama. No quarto dela. Sabe, o quarto que eu decorei para ela. Tentei preparar um quarto legal para ela. Mas temi que acordasse na nossa casa e quisesse vir para a sua. Boa garota! Preciso lhe pedir desculpas, Sam, pois eu tinha a intenção de dizer ao juiz que poderia dar a Lucy todo o amor que ela nunca tivera. Mas não posso dizer, porque estaria mentindo.

Sam: – Eu espero, espero, espero... espero que esteja dizendo o que penso que está dizendo. Sim, espero que esteja dizendo isso.

Randy: – Eu estou.

Sam: – Sim. Certo. Está bem.

Randy: – Tchau!

Sam: – Tchau! Randy?

Randy: – Sim.

Sam: – Se eu lhe contar em segredo que não posso cuidar dela sozinho, vai dizer ao juiz?

Randy: – Não, Sam.
Sam: – Promete?
Randy: – Prometo.
Sam: – Porque eu sempre quis que Lucy tivesse uma mãe. Sempre quis que tivesse uma mãe. Eu preciso de ajuda. E não de qualquer... qualquer um. E você é o vermelho nos quadros dela. Acho que você é o vermelho nos quadros dela."

E o filme segue recheado de emoção. É interessante voltar à relação da menina com o pai. Ela poderia desprezá-lo por suas limitações, tripudiar sobre sua falta de capacidade intelectiva, mas, ao contrário disso, com ternura, ela tenta poupar o pai de qualquer constrangimento. Mais do que isso, jamais se envergonha do pai que tem.

A ternura requer tolerância.

Tolerância é uma palavra que tem como raiz uma expressão latina que significa "constância em sofrer". Por extensão, identifica a pessoa que, habituada ao sofrimento em si própria, consegue perceber o sofrimento nos outros e, assim, entendê-lo melhor. Esse sofrimento pode ser vivido ou lido ou aprendido.

Madre Tereza de Calcutá dizia: "É fácil amar os que estão longe. Mas nem sempre é fácil amar os que vivem ao nosso lado".

O professor deve demonstrar a ternura que sente por seus alunos. Não de uma forma mecânica como se treinamento houvesse para sorrisos e dizeres decorados. O primeiro trabalho a ser feito com o professor na sua relação afetiva é com ele mesmo. É no universo intrapessoal que se constrói o interpessoal. Ninguém dá o que não tem. O professor tem de ser terno com ele mesmo, preparando-se para as vicissitudes que a profissão e a vida oferecem.

Lembro-me de um professor no Ensino Fundamental que uma vez chamou-me para conversar sobre uma redação que eu tinha feito.

— Foi você mesmo quem escreveu esta redação?

— Foi.

— As palavras que você usa não são condizentes com a sua idade. Pode ser sincero. Ninguém o ajudou? Se ajudou, não há problema algum.

— Eu juro que ninguém me ajudou.

Eu disse isso e baixei a cabeça com uma certa tristeza por terem duvidado de mim. O professor foi rápido e me disse com ternura:

— Desculpe. Eu não quis ofendê-lo. É que está tão bem escrito, com palavras tão ricas, que eu pensei que alguém o tivesse ajudado.

Eu não disse nada e ele prosseguiu:

— Você me perdoa?

— Claro.

— Então me conte um segredo. Onde você aprendeu a escrever assim?

E eu, confiante, contei a ele a verdade sobre uma idosa professora em um asilo, que me contava histórias e me ensinava palavras difíceis.

Eu nunca me esqueci do carinho daquele mestre. Era professor da quinta ou sexta série. Talvez eu tenha me esquecido de quase toda a matéria que ele me ensinou, mas dos seus gestos de ternura eu nunca esqueci.

Um exercício interessante que um professor pode fazer para progredir em sua tarefa de ensinar com excelência é lembrar-se de seus próprios professores. Por que alguns professores são inesquecíveis, e outros, não? O que diferencia um professor presente de um professor ausente, na história de seus alunos?

Professor tem de gostar de gente. Tem de saber que as pessoas estão em construção, em permanente evolução, que são falhas. Tem de se saber falho também, e perseguir um modo melhor de viver e de conviver.

Um professor que tem ternura é ético, não é autoritário. Tomar decisões que desagradem os alunos faz parte do processo. O aluno precisa de limite. Mas a forma não pode ser autoritária. Um professor precisa se valer do bom senso para que a relação com seus alunos não seja comprometida por bobagens.

Em uma escola em que fui diretor, presenciei a seguinte história: uma professora ficou enfurecida com a provocação de uma aluna. O diálogo se deu mais ou menos assim, em uma sala de aula:

— Professora, onde a senhora passou as férias? — perguntou a aluna. Era o dia da volta às aulas.

— Em Caraguatatuba — respondeu, sem desvios, a professora.

— Caraguatatuba? — insistiu a aluna.

— Sim, Caraguatatuba.

— Pois eu passei em Nova Iorque.

A professora sentiu-se provocada e desferiu todo o tipo de insultos contra a aluna:

— Eu não fui para Nova Iorque porque não gosto de Nova Iorque, não gosto dos Estados Unidos, detesto seu pai e sua mãe que não lhe ensinaram o que é respeito...

A aluna não disse nada, apenas sorriu.

A professora procurou-me transtornada, com ódio da aluna e dos outros alunos que haviam rido dela.

Evidentemente, a aluna fora inadequada, mas a professora, sendo mais experiente, não deveria ter respondido a provocações. O professor tem de ser um referencial e, como tal, não deve brigar com um aluno, em hipótese alguma. É a tal da autoridade conquistada. Os alunos testam os professores. Fazem isso porque têm prazer em desafiar a autoridade. Gostam do confronto. Ao professor cabe a maturidade de minimizar a provocação e, com serenidade, recuperar a sua autoridade. Para isso, é preciso ter bom senso, mais do que aparentar rigor.

A ternura faz com que o professor consiga identificar os alunos que mais sofrem em uma sala de aula. Alunos que são vítimas de famílias complicadas ou de outros alunos. Já escrevi sobre o *bullying* e os malefícios que ele causa, muitas vezes, sem retorno, ao aluno. Em meu livro *Pedagogia da Amizade* convido à reflexão para as causas e as consequências do *bullying*. Abordo sobre uma temática recorrente, a compaixão, que Schopenhauer define como "a base de toda a moralidade".

O professor, enfim, precisa aprender a se realimentar, para que as suas emoções não sejam motivo de deslize na relação com os alunos. É evidente que a emoção, apartada da razão, é insuficiente. O ideal é empregá-las com harmonia, estimulando a reflexão, como um primeiro passo no caminho da boa relação entre quem educa e quem é educado. Isso significa que a reflexão tem de ocupar um espaço privilegiado no desenvolvimento das habilidades humanas. Para isso, é preciso, inclusive, saber ficar em silêncio. Saber ouvir a si mesmo e ao outro. Pensar antes de agir, a fim de evitar consequências desastrosas.

Para sermos bons educadores, é indispensável que, além de conhecimentos, saibamos nos valer de ternura para ensinar. Isso faz parte de nosso compromisso com a educação e com os nossos alunos. Comprometer-se com a educação significa ser fiel àquilo que identificamos, no início do livro, como sendo a primeira impressão, o primeiro sonho. Comprometer-se com os alunos significa caminhar com eles em grupo e individualmente. Com todos e com cada um. Buscando, dentro deles e de nós mesmos, forças para que resistamos a todo tipo de apatia ou de agressão. Nada de extremos. A autoridade terna é construída em alicerces de equilíbrio e de responsabilidade.

Oscar Wilde, com irreverência, trata dessa ternura a que se atribui o nome de amizade:

Escolho meus amigos não pela pele ou outro arquétipo qualquer, mas pela pupila.
Tem que ter brilho questionador e tonalidade inquietante.
A mim não interessam os bons de espírito nem os maus de hábitos.
Fico com aqueles que fazem de mim louco e santo.
Deles não quero resposta, quero meu avesso.
Que me tragam dúvidas e angústias e aguentem o que há de pior em mim.
Para isso, só sendo louco.
Quero os santos, para que não duvidem das diferenças e peçam perdão pelas injustiças.
Escolho meus amigos pela alma lavada e pela cara exposta.

Não quero só o ombro e o colo, quero também sua maior alegria.
Amigo que não ri junto, não sabe sofrer junto.
Meus amigos são todos assim: metade bobeira, metade seriedade.
Não quero risos previsíveis, nem choros piedosos.
Quero amigos sérios, daqueles que fazem da realidade sua fonte de aprendizagem, mas lutam para que a fantasia não desapareça.
Não quero amigos adultos nem chatos.
Quero-os metade infância e outra metade velhice!
Crianças, para que não esqueçam o valor do vento no rosto; e velhos, para que nunca tenham pressa.
Tenho amigos para saber quem eu sou.
Pois os vendo loucos e santos, bobos e sérios, crianças e velhos, nunca me esquecerei de que "normalidade" é uma ilusão imbecil e estéril.

Carlos Drummond de Andrade, em sua *Lira do Amor Romântico**, também traz um universo de ternura na brincadeira séria de um amor eterno:

Atirei um limão n'água
e fiquei vendo na margem.
Os peixinhos responderam:
Quem tem amor tem coragem.

---

* ANDRADE, Carlos D. de. *Amar se aprende amando*. Rio de Janeiro: Record, 2001.
Carlos Drummond de Andrade © Graña Drummond – www.carlosdrummond.com.br.

Atirei um limão n'água
e caiu enviesado.
Ouvi um peixe dizer:
Melhor é o beijo roubado.

Atirei um limão n'água,
como faço todo ano.
Senti que os peixes diziam:
Todo amor vive de engano.
Atirei um limão n'água,
como um vidro de perfume.
Em coro os peixes disseram:
Joga fora teu ciúme.

Atirei um limão n'água
mas perdi a direção.
Os peixes, rindo, notaram:
Quanto dói uma paixão!

Atirei um limão n'água,
ele afundou um barquinho.
Não se espantaram os peixes:
faltava-me o teu carinho.

Atirei um limão n'água,
o rio logo amargou.
Os peixinhos repetiram:
É dor de quem muito amou.

Atirei um limão n'água,
o rio ficou vermelho
e cada peixinho viu
meu coração num espelho.

Atirei um limão n'água
mas depois me arrependi.
Cada peixinho assustado
me lembra o que já sofri.

Atirei um limão n'água,
antes não tivesse feito.
Os peixinhos me acusaram
de amar com falta de jeito.

Atirei um limão n'água,
fez-se logo um burburinho.
Nenhum peixe me avisou
da pedra no meu caminho.

Atirei um limão n'água,
de tão baixo ele boiou.
Comenta o peixe mais velho:
Infeliz quem não amou.

Atirei um limão n'água,
antes atirasse a vida.
Iria viver com os peixes
a minh'alma dolorida.

*Atirei um limão n'água,
pedindo à água que o arraste.
Até os peixes choraram
porque tu me abandonaste.
Atirei um limão n'água.
Foi tamanho o rebuliço
que os peixinhos protestaram:
Se é amor, deixa disso.*

*Atirei um limão n'água,
não fez o menor ruído.
Se os peixes nada disseram,
tu me terás esquecido?*

*Atirei um limão n'água,
caiu certeiro: zás-trás.
Bem me avisou um peixinho:
Fui passado pra trás.*

*Atirei um limão n'água,
de clara ficou escura.
Até os peixes já sabem:
você não ama, tortura.*

*Atirei um limão n'água
e caí n'água também,
pois os peixes me avisaram,
que lá estava meu bem.*

*Atirei um limão n'água,
foi levado na corrente.
Senti que os peixes diziam:
Hás de amar eternamente.*

Capítulo IV

Ensinar – um ato de generosidade

Há alguns estudiosos do comportamento humano que definem a profissão certa como aquela que nasce de uma vocação inata. Há outros que dizem ser a liberdade humana a responsável pelas opções e renúncias que faz um profissional. Certamente, escolher significa renunciar. A cada escolha, uma ou mais renúncias.

Escolher ser professor, por decisão ou vocação, é assumir um compromisso com a formação do ser humano. Quem ensina alguma coisa a alguém experimenta a generosidade.

O ato de ensinar exige paciência. O ser humano não é máquina para ser programada em série. No processo educativo em que gente ensina gente a ser melhor, em que gente ensina gente a ter dignidade, a ter um conhecimento que amplie os horizontes e possa transformar o mundo, a heterogeneidade tem de ser respeitada. Insisto nessa ideia de que a educação transforma o mundo: o mundo de um país, o mundo de uma cidade, o mundo de uma família, o mundo de uma pessoa.

Lembro-me de uma palestra que fiz para professores de inglês de uma rede de escolas de idiomas. O coordenador geral pediu-me que o ajudasse a motivar os professores. Ele sabia que o material didático empregado pelas escolas era de primeira qualidade, mas sentia que muitos professores perdiam, com o tempo, o entusiasmo de ensinar. Queixava-se da dificuldade de ensinar adolescentes, da falta de perspectiva de adultos que achavam muito difícil aprender inglês ou espanhol ou qualquer outra língua estrangeira. Enfim, havia uma preocupação de melhorar os professores para que a instituição continuasse a crescer no mercado. Ele me disse ainda que, em outro momento da organização, havia sido preferível mandar embora os professores desmotivados e contratar outros, mas que, agora, a filosofia tinha mudado. Entendia que seria melhor trabalhar com os mesmos professores, tentando reacender neles a chama que fora se apagando. O que é o correto. Pessoas não devem ser descartadas como coisas que perdem o viço da novidade.

Comecei a palestra tentando refletir com eles sobre o significado de ensinar um novo idioma. O que significa ensinar inglês para quem nada sabe dessa língua tão essencial para os negócios, o turismo, a relação entre pessoas e países. Usei a metáfora da ponte tão utilizada em educação. Uma nova língua é uma nova ponte para o encontro com o outro. É uma limitação a menos. Pedi-lhes que imaginassem quão gratificante era o trabalho deles, de ensinar a quem não conhece uma palavra sequer da língua inglesa. Aos poucos, eles haveriam de dar condições a seus alunos de experimentar pequenos diálogos, leituras de livros, viagens por autores fascinantes, textos. Depois, se comunicariam com mais naturalidade. E tudo isso seria fruto do trabalho de cada um deles. Dizia eu, ainda, àqueles professores: vocês são os engenheiros dessa ponte. Em alguns momentos, o trabalho é mais árduo; em outros, é mais fácil porque a mão de obra é mais comprometida. Mas uma construção é assim, trabalhosa. Dar aulas de inglês para cumprir o conteúdo do livro, sem pensar nesse horizonte maior de unir um mundo a outro, é burocratizar algo tão belo. Isso vale para os outros idiomas. Entender uma canção em francês, ler Flaubert no original, conversar pela rede com pessoas que vivem em Paris, viajar no idioma encantado de Miguel de Cervantes, entender os seus sonhos em espanhol. Pontes. Pontes em idiomas diferentes que nascem dessa generosidade de ensinar.

Em outras profissões, essa missão também deve ser refletida. Se um engenheiro de aviação, que desenvolve tecnologias de segurança para que as pessoas corram menos riscos nos voos, detiver-se a cuidar do funcionamento isolado de cada peça do avião, em vez de pensar em sua função conjunta e maior – a segurança dos passageiros –, ele haverá de se cansar do que faz.

Um médico que fica horas em um centro cirúrgico, que se cansa de repetir os mesmos procedimentos a cada cirurgia diferente, precisa ter a impressão primeira guardada dentro de si, para não se transformar em um burocrata da Medicina. Tem de ir além. Tem de enxergar cada cirurgia como uma possibilidade de dar mais tempo ao que de mais precioso temos: a vida. É a vida que está ali para ser preservada.

Uma vez entrevistei, em meu programa de televisão, um médico que dizia com orgulho já ter feito quase três mil cirurgias. Ele agradecia a Deus por ter esse dom, insistia ele – dom de curar. Quantas mulheres nervosas chegaram chorando ao hospital, despedindo-se de filhos, do marido, da vida, e saíram sorrindo, prontas para o recomeço! "Eu não saberia fazer outra coisa", dizia o médico. Eu insisti com ele, perguntando sobre as pessoas que morreram em suas mãos. E ele, sem titubear, respondeu que morreram com dignidade, que foram tratadas com amor, que se aquietaram do medo de sofrer. Eis a verdadeira vocação da Medicina, eis a terapia do amor em uma ciência que progride cada vez mais para que o paciente não seja uma coisa, um número apenas. A humanização da Medicina é uma busca recorrente dos profissionais que acreditam que a emoção é a responsável por grande parte do progresso de um paciente.

E cada paciente é único para um dentista que generosamente se entrega à missão de devolver o sorriso a uma criança que se sente envergonhada por apresentar problemas odontológicos. Se o dentista enxerga uma boca como um espaço de cáries, inflamações de gengiva, placas bacterianas, dentes malformados, sua profissão se torna penosa, desconfortável. Se ele enxerga o sorriso como um cartão de visitas que abre as portas da convivência, um dente deixa de ser apenas um dente e passa a fazer parte de um processo de recuperação da autoestima. Uma boca se torna uma possibilidade a mais para que palavras sejam ditas com mais segurança e para que o não dito também possa ser revelado em um sorriso acolhedor.

Um construtor, um pedreiro que olha apenas para os tijolos com que deve lidar, e não contempla, vez ou outra, a beleza da sua construção, transforma o seu ofício em algo penoso. Assim também o lixeiro – que tem dignidade não porque pega um lixo aqui e outro acolá –, se ele ficar olhando para cada resíduo desagradável que tem de recolher, sua vida se reduzirá a uma miséria cotidiana, mas, se ele conseguir perceber que a cidade fica mais bonita porque ele é capaz de deixá-la limpa, sua profissão ganhará sentido.

Como me dá prazer ouvir as histórias dos serventes das escolas que, muitas vezes, acompanham a vida dos alunos, mais do que os próprios professores! Imaginem uma escola sem limpeza, sem serventes. A profissão de deixar a escola mais bonita é tão digna quanto a profissão de ensinar nas salas de aula. Cada um tem o seu dever e tem o poder de emprestar a esse dever um olhar de generosidade. A alegria da cozinheira ao ver as pessoas comendo o que ela preparou vale mais do que o trabalho de descascar cebola por cebola. Se ela pensar na cebola e nas agruras de descascá-la, o seu ofício fica mais trabalhoso do que se ela conseguir imaginar a refeição pronta, o cheiro gostoso, o alimento sagrado que vai ser partilhado por uma família que ela ama.

A generosidade é filha do amor. E não há profissão alguma que realize uma pessoa sem o valor mais elevado do amor. O jornalista que se preocupa apenas com uma manchete destinada a destruir a vida de alguém, porque isso vende jornais ou porque lhe rende um sucesso rápido, não conhece a beleza de uma arte que informa, que investiga, que revela. Não conhece a beleza de se construir uma carreira sólida, baseada numa preocupação cotidiana com a verdade, a justiça.

O advogado que sabota, engana, mente, talvez tenha um sucesso rápido, mas efêmero. E o pior, sucesso com consciência tumultuada não é sucesso. A beleza da advocacia está em refletir sobre a importância de seu exercício para a promoção da justiça. Um advogado precisa ser educado para isso, para a justiça, para a compreensão de que o direito à felicidade comanda os demais direitos.

Esses são alguns exemplos de profissões que se engrandecem quando se enxerga longe, se enxerga além. Muitos já disseram isso, mas nunca é demais relembrar que o caminho se torna menos penoso quando se avista ao longe o paraíso que tanto se procura. Viajar de avião cansa, mas a sensação de chegar a uma cidade em que se vão encontrar pessoas amadas ou lugares inesquecíveis ameniza o desconforto do voo.

Há duas histórias da literatura universal que abordam de forma dolorosa o significado da falta de generosidade. Histórias sempre nos fazem bem e nem precisam ser explicadas. Elas dizem por si sós o que os nossos sentimentos precisam apreender.

A primeira é de Dostoiévski:

A árvore de Natal na casa de Cristo

Havia num porão uma criança, um garotinho de seis anos de idade, ou menos ainda. Esse garotinho despertou certa manhã no porão úmido e frio. Tiritava, envolto nos seus pobres andrajos. Seu hálito formava, ao se exalar, uma espécie de vapor branco, e ele, sentado num canto em cima de um baú, por desfastio, ocupava-se em soprar esse vapor da boca, pelo prazer de vê-lo se esvolar. Mas bem que gostaria de comer alguma coisa. Diversas vezes, durante a manhã, tinha se aproximado do catre, onde num colchão de palha, chato como um pastelão, com um saco sob a cabeça à guisa de almofada, jazia a mãe enferma. Como se encontrava ela nesse lugar? Provavelmente tinha vindo de outra cidade e subitamente caíra doente. A patroa que alugava o porão tinha sido presa na antevéspera pela polícia; os locatários tinham se dispersado para se aproveitarem também da festa, e o único tapeceiro que tinha ficado cozinhava a bebedeira há dois dias: esse nem mesmo tinha esperado pela festa. No outro canto do quarto gemia uma velha octogenária, reumática, que outrora tinha sido babá e que morria agora sozinha, soltando suspiros, queixas e imprecações contra o garoto, de maneira que ele tinha medo de se aproximar da velha.

No corredor ele tinha encontrado alguma coisa para beber, mas nem a menor migalha para comer, e mais de dez vezes tinha ido para junto da mãe para despertá-la. Por fim, a obscuridade lhe causou uma espécie de angústia: há muito tempo tinha caído a noite e ninguém acendia o fogo. Tendo apalpado o rosto de sua mãe, admirou-se muito: ela não se mexia mais e estava tão fria como as paredes. "Faz muito frio aqui", refletia ele, com a mão pousada inconscientemente no ombro da morta; depois, ao cabo de um instante, soprou os dedos para esquentá-los, pegou o seu gorrinho abandonado no leito e, sem fazer ruído, saiu do cômodo, tateando. Por sua vontade, teria saído mais cedo, se não tivesse medo de encontrar, no alto da escada, um canzarrão que latira o dia todo, nas soleiras das casas vizinhas. Mas o cão não se encontrava ali, e o menino já ganhava a rua.

Senhor! que grande cidade! Nunca tinha visto nada parecido. De lá, de onde vinha, era tão negra a noite! Uma única lanterna para iluminar toda a rua. As casinhas de madeira são baixas e fechadas por trás dos postigos; desde o cair da noite, não se encontra mais ninguém fora, toda gente permanece bem enfurnada em casa, e só os cães, às centenas e aos milhares, uivam, latem, durante a noite. Mas, em compensação, lá era tão quente; davam-lhe de comer... ao passo que ali... Meu Deus! se ele ao menos tivesse alguma coisa para comer! E que desordem, que grande algazarra ali, que claridade, quanta gente, cavalos, carruagens... e o frio, ah! este frio! O nevoeiro gela em filamentos nas ventas dos cavalos que galopam; através da neve friável o ferro dos cascos tine contra a calçada; toda gente se apressa e se acotovela, e, meu Deus! como gostaria de comer qualquer coisa, e como de repente seus dedinhos lhe doem! Um agente de polícia passa ao lado da criança e se volta, para fingir que não vê.

Eis uma rua ainda: como é larga! Esmagá-lo-ão ali, seguramente; como todo mundo grita, vai, vem e corre, e como está claro, como é claro! Que é aquilo ali? Ah! uma grande vidraça, e atrás dessa vidraça um quarto, com uma árvore que sobe até o teto; é um pinheiro, uma árvore de Natal onde há muitas luzes, muitos objetos pequenos, frutas douradas, e em torno bonecas e cavalinhos. No quarto há crianças que correm; estão bem vestidas e muito limpas, riem e brincam, comem e bebem alguma coisa. Eis ali uma menina que se pôs a dançar com um rapazinho. Que bonita menina! Ouve-se música através da vidraça. A criança olha, surpresa; logo sorri, enquanto os dedos dos seus pobres pezinhos doem e os das mãos se tornaram tão roxos que não podem se dobrar nem mesmo se mover. De repente o menino se lembrou de que seus dedos doem muito; põe-se a chorar, corre para mais longe, e eis que, através de uma vidraça, avista ainda um quarto, e neste outra árvore, mas sobre as mesas há bolos de todas as qualidades, bolos de amêndoa, vermelhos, amarelos, e eis sentadas quatro formosas damas que distribuem bolos a todos os que se apresentem. A cada instante, a porta se abre para um senhor que entra. Na ponta dos pés, o menino se aproximou, abriu a porta e bruscamente entrou. Hu! com que gritos e gestos o repeliram! Uma senhora se aproximou logo, meteu-lhe furtivamente uma moeda na mão, abrindo-lhe ela mesma a porta da rua. Como ele teve medo! Mas a moeda rolou pelos degraus com um tilintar sonoro: ele não tinha podido fechar os dedinhos para segurá-la. O menino apertou o passo para ir mais longe – nem ele mesmo sabe aonde. Tem vontade de chorar; mas dessa vez tem medo e corre. Corre soprando os dedos. Uma angústia o domina, por se sentir tão só e abandonado, quando, de repente: Senhor! Que poderá ser ainda? Uma multidão que se detém, que olha com curiosidade. Em uma janela, através da vidraça, há três grandes bonecos vestidos com roupas vermelhas e verdes e que parecem vivos! Um velho sentado parece tocar violino, dois outros estão em pé junto dele e tocam violinos menores, e todos maneiam em cadência as delicadas cabeças, olham uns para os outros, enquanto seus lábios se mexem; falam, devem falar – de verdade – e, se não se ouve nada, é por causa da vidraça. O menino julgou, a princípio, que eram pessoas vivas, e, quando finalmente compreendeu que eram bonecos, pôs-se de súbito a rir. Nunca tinha visto bonecos assim, nem mesmo suspeitava que existissem! Certamente, desejaria chorar, mas era tão cômico, tão engraçado ver esses bonecos! De repente pareceu-lhe que alguém o puxava por trás. Um moleque grande, malvado, que estava ao lado dele, deu-lhe de repente um tapa na cabeça, derrubou o seu gorrinho e passou-lhe uma rasteira. O menino rolou pelo chão, algumas pessoas se puseram a gritar: aterrorizado, ele se levantou para fugir depressa e correu com quantas pernas tinha, sem saber para onde. Atravessou o portão de uma cocheira, penetrou num pátio e sentou-se atrás de um monte de lenha. "Aqui, pelo menos", refletiu ele, "não me acharão: está muito escuro."

Sentou-se e encolheu-se, sem poder retomar fôlego, de tanto medo, e bruscamente, pois foi muito rápido, sentiu um grande bem-estar, as mãos e os pés tinham deixado de doer, e sentia calor, muito calor, como ao pé de uma estufa. Subitamente se mexeu: um pouco mais e ia dormir! Como seria bom dormir nesse lugar! "Mais um instante e irei ver outra vez os bonecos", pensou o menino, que sorriu à sua lembrança: "Podia jurar que eram vivos!"... E de repente pareceu-lhe que sua mãe lhe cantava uma canção. "Mamãe, vou dormir; ah! como é bom dormir aqui!"

– Venha comigo, vamos ver a árvore de Natal, meu menino – murmurou repentinamente uma voz cheia de doçura.

Ele ainda pensava que era a mãe, mas não, não era ela. Quem então acabava de chamá-lo? Não vê quem, mas alguém está inclinado sobre ele e o abraça no escuro, estende-lhe os braços e... logo... Que claridade! A maravilhosa árvore de Natal! E agora não é um pinheiro, nunca tinha visto árvores semelhantes! Onde se encontra então nesse momento? Tudo brilha, tudo resplandece, e em torno, por toda parte, bonecos – mas não, são meninos e meninas, só que muito luminosos! Todos o cercam, como nas brincadeiras de roda, abraçam-no em seu voo, tomam-no, levam-no com eles, e ele mesmo voa e vê: distingue sua mãe a lhe sorrir com ar feliz.

– Mamãe! mamãe! Como é bom aqui, mamãe! – exclama a criança. De novo abraça seus companheiros, e gostaria de lhes contar bem depressa a história dos bonecos da vidraça...

– Quem são vocês então, meninos? E vocês, meninas, quem são? – pergunta ele, sorrindo-lhes e mandando-lhes beijos.

– Isto... é a árvore de Natal de Cristo – respondem-lhe. – Todos os anos, neste dia, há, na casa de Cristo, uma árvore de Natal, para os meninos que não tiveram sua árvore na terra...

E soube assim que todos aqueles meninos e meninas tinham sido outrora crianças como ele, mas alguns tinham morrido, gelados nos cestos, onde tinham sido abandonados nos degraus das escadas dos palácios de Petersburgo; outros tinham morrido junto às amas, em algum dispensário finlandês; uns sobre o seio exaurido de suas mães, no tempo em que grassava, cruel, a fome de Samara; outros, ainda, sufocados pelo ar mefítico de um vagão de terceira classe. Mas todos estão ali nesse momento, todos são agora como anjos, todos juntos a Cristo, e Ele, no meio das crianças, estende as mãos para abençoá-las e às pobres mães... E as mães dessas crianças estão ali, todas, num lugar separado, e choram; cada uma reconhece seu filhinho ou filhinha que acorrem voando para elas, abraçam-nas, e com suas mãozinhas enxugam-lhes as lágrimas, recomendando-lhes que não chorem mais, que eles estão muito bem ali...

E nesse lugar, pela manhã, os porteiros descobriram o cadaverzinho de uma criança gelada junto de um monte de lenha. Procurou-se a mãe... Estava morta um pouco adiante; os dois se encontraram no céu, junto ao bom Deus.

A segunda, de Hans Christian Andersen:

A Pequena Vendedora de Fósforos

Que frio tão atroz! Caía a neve, e a noite vinha por cima. Era dia de Natal. No meio do frio e da escuridão, uma pobre menina passou pela rua com a cabeça e os pés descobertos.

É verdade que tinha sapatos quando saíra de casa; mas não lhe serviram por muito tempo. Eram uns chinelos enor-

mes que sua mãe já havia usado: tão grandes, que a menina os perdeu quando atravessou a rua correndo, para que as carruagens que iam em direções opostas não a atropelassem.

A menina caminhava, pois, com os pezinhos descalços, que estavam vermelhos e azuis de frio. Levava no avental algumas dúzias de caixas de fósforos e tinha na mão uma delas como amostra. Era um péssimo dia: nenhum comprador havia aparecido, e, por consequência, a menina não havia ganho nem um centavo. Tinha muita fome, muito frio e um aspecto miserável. Pobre menina! Os flocos de neve caíam sobre seus longos cabelos loiros, que se esparramavam em lindos caracóis sobre o pescoço; porém, não pensava nos seus cabelos. Via a agitação das luzes através das janelas; sentia o cheiro dos assados por todas as partes. Era dia de Natal, e nesta festa pensava a infeliz menina.

Sentou-se em uma pracinha, e se acomodou em um cantinho entre duas casas. O frio se apoderava dela, e inchava seus membros; mas não se atrevia a aparecer em sua casa; voltava com todos os fósforos e sem nenhuma moeda. Sua madrasta a maltrataria, e, além disso, na sua casa também fazia muito frio. Viviam debaixo do telhado, a casa não tinha teto, e o vento ali soprava com fúria, mesmo que as aberturas maiores haviam sido cobertas com palha e trapos velhos. Suas mãozinhas estavam quase duras de frio. Ah! Quanto prazer lhe causaria esquentar-se com um fósforo! Se ela se atrevesse a tirar só um da caixa, riscaria na parede e aqueceria os dedos! Tirou um! Rich! Como iluminava e como esquentava! Tinha uma chama clara e quente, como de uma velinha, quando a rodeou com sua mão. Que luz tão bonita! A menina acreditava que estava sentada em uma chaminé de ferro, enfeitada com bolas e coberta com uma capa de latão reluzente. Luzia o fogo ali de uma forma tão linda! Esquentava tão bem!

Mas tudo acaba no mundo. A menina estendeu seus pezinhos para esquentá-los também, mas a chama se apagou: não havia nada mais em sua mão além de um pedacinho de fósforo. Riscou outro, que acendeu e brilhou como o primeiro; e ali onde a luz caiu sobre a parede, fez-se tão transparente como uma gaze. A menina imaginou ver um salão, onde a mesa estava coberta por uma toalha branca resplandecente com finas porcelanas, e sobre a qual um peru assado e recheado de trufas exalava um cheiro delicioso. Oh surpresa! Oh felicidade! Logo teve a ilusão de que a ave saltava de seu prato para o chão, com o garfo e a faca cravados no peito, e rodava até chegar a seus pezinhos. Mas o segundo fósforo apagou-se, e ela não viu diante de si nada mais que a parede impenetrável e fria.

Acendeu um novo fósforo. Acreditou, então, que estava sentada perto de um magnífico nascimento: era mais bonito e maior que todos os que havia visto aqueles dias nas vitrines dos mais ricos comércios. Mil luzes ardiam nas arvorezinhas; os pastores e pastoras pareciam começar a sorrir para a menina. Esta, embelezada, levantou então as duas mãos, e o fósforo se apagou. Todas as luzes do nascimento se foram, e ela compreendeu, então, que não eram nada além de estrelas. Uma delas passou traçando uma linha de fogo no céu.

Isto quer dizer que alguém morreu – pensou a menina; porque sua vovozinha, que era a única que havia sido boa com ela, mas que já não estava viva, havia lhe dito muitas vezes: *"Quando cai uma estrela, é que uma alma sobe para o trono de Deus".*

A menina ainda riscou outro fósforo na parede, e imaginou ver uma grande luz, no meio da qual estava sua avó em pé, e com um aspecto sublime e radiante.

– *Vovozinha!* – gritou a menina. – *Leve-me com você! Quando o fósforo se apagar, eu sei bem que não lhe verei mais! Você desaparecerá como a chaminé de ferro, como o peru assado e como o formoso nascimento!*

Depois se atreveu a riscar o resto da caixa, porque queria conservar a ilusão de que via sua avó, e os fósforos lhe abriram uma claridade vivíssima. Nunca a avó lhe havia parecido tão grande nem tão bonita. Pegou a menina nos braços, e as duas subiram no meio da luz até um lugar tão alto, que ali não fazia frio, nem se sentia fome, nem tristeza: até o trono de Deus.

Quando raiou o dia seguinte, a menina continuava sentada entre as duas casas, com as bochechas vermelhas e um sorriso nos lábios. Morta, morta de frio na noite de Natal! O sol iluminou aquele terno ser, sentado ali com as caixas de fósforos, das quais uma havia sido riscada por completo.

– *Queria esquentar-se, a pobrezinha!* – disse alguém.

Mas ninguém podia saber as coisas lindas que havia visto, nem em meio de que esplendor havia entrado com sua idosa avó no reino dos céus.

Essas duas histórias tratam da esperança num mundo em que a desigualdade induz à indiferença, quando não à insensibilidade e à intolerância. Perder a capacidade de indignação diante do belo que se apagou é tão triste quanto perder a capacidade de êxtase diante do belo.

O mundo é uma prova da generosidade de Deus. É uma amostra do que é a humanidade. As paisagens são tão diferentes. Cada uma tem a sua beleza. É preciso ver de perto e ao mesmo tempo ver de longe. Ver de perto para se conhecer os detalhes, as peculiaridades, a unicidade. Nada se repete. Tudo é absolutamente novo. E ver de longe para ver o todo. O conjunto das diferenças é que dá o tom da harmonia do universo.

Uma sala de aula tem um pouco de tudo isso. Os alunos são absolutamente diferentes, alguns riem de bonecos que parecem gente, outros tentam chamar a atenção com alguns fósforos na mão. Todos querem ser acolhidos nesse espaço de amor. E aí entra a generosidade do professor, que percebe, acolhe, acalma, instiga e ama.

Capítulo V

Os medos contemporâneos do professor

Os medos fazem parte da nossa vida. Medo da morte, da velhice, da solidão, do abandono, do fracasso, de falar em público, de não ser amado, da injustiça, de voar, de nadar, de animais do dia ou da noite, medo de gente...

Não existe possibilidade de viver sem medo. O medo é um sentimento com o qual se convive toda a vida e com o qual se preserva de males maiores. O medo faz com que sejamos mais cuidadosos.

Um professor também tem os seus medos. Além dos chamados medos universais, como o medo da morte, há outros mais condizentes com a sala de aula. Aliás, sempre me lembro da história do padre que, em uma igreja repleta de fiéis, fez uma pergunta cuja resposta seria óbvia:

– Quem aqui quer ir para o céu, levante a mão.

Não houve ninguém que não levantasse a mão imediatamente. Prosseguiu o padre:

– Quem aqui quer ir para o céu agora, levante a mão.

Ninguém levantou a mão.

Independentemente da fé, a morte é recheada de mistérios, e isso, por si só, já dá medo.

Lembro-me dos primeiros anos de magistério, em que buscava transmitir aos meus alunos a segurança de que, apesar da pouca idade, eu dispunha de conhecimentos e que, com isso, poderia acrescentar alguma coisa à vida deles. Tinha dezenove anos e já era formado em Filosofia quando comecei a dar aula de Antropologia Filosófica a uma turma do primeiro ano de graduação do curso de Psicologia da Faculdade Salesiana de Lorena, hoje UNISAL. Demorei um tempo para que os alunos acreditassem que não se tratava de trote. Tive muito medo. Sorria muito também, talvez para disfarçar o medo que sentia de dar tudo errado e de a direção da Faculdade se arrepender de me haver contratado.

Fiquei com a coragem de quem sabe que é assim mesmo. Sorri quando disseram que era trote, que eu não era professor, que no máximo era um veterano querendo enganá-los. Cuidadosamente, falei pouco de mim, até porque pouco havia para falar, e comecei com a matéria. Em pouco tempo, a desconfiança foi dando lugar à certeza de que construiríamos uma bonita história de convivência e aprendizagem. Acho que tudo o que sabia eu disse naquele primeiro dia de aula. Acabei a aula esgotado de tanto falar e brincar com a história de vida de alguns antropólogos e suas reflexões acerca da natureza humana. A fascinante aventura da mente! As culturas diferentes que nos desafiam a desacreditar de uma verdade absoluta! Eu falava, falava, falava, e a aula não acabava. Para minha alegria, quando soou o sinal, eles disseram que eu podia continuar.

Eu tinha vencido o medo do primeiro encontro. Até hoje me lembro daquela turma de Psicologia. Recordo-me, inclusive, da paisagem que avistava daquela sala. Eu olhava os alunos e, ao lado, a Serra da Mantiqueira. A beleza da natureza e do homem na busca de explicações para o inexplicável. A aula começava às cinco horas da tarde e, muitas vezes, falando de Filosofia, eu interrompia a explanação para que pudéssemos acompanhar juntos o pôr do sol.

Outra experiência marcante, relacionada com a minha pouca idade para lecionar, ocorreu quando comecei a dar aulas para cursos de mestrado e doutorado na Pontifícia Universidade Católica de São Paulo. Assumi as turmas do professor Franco Montoro, que viera a falecer logo depois que alguns alunos já haviam se inscrito para com ele ter aulas de Teoria Geral do Direito.

Na primeira aula, a desconfiança. Um aluno, logo de início, me perguntou:

– O senhor, por acaso, é doutor?

Tentando transparecer confiança e humildade ao mesmo tempo, respondi:

– Sou, sim. Tenho dois doutorados: um em Direito e outro em Comunicação e Semiótica.

Ele prosseguiu:

– Bem, mas o senhor se sente capaz de substituir Franco Montoro?

– Claro que não. Ele é insubstituível. Aprendi muito com ele. Concordo com suas teses, mas infelizmente vocês não terão o privilégio de assistir às suas aulas memoráveis.

Fiz uma pausa e continuei.

– Podemos começar.

Ninguém disse nada, e eu me pus a falar sobre o que sabia de Teoria Geral do Direito. Suava muito, mas o terno escuro disfarçava, até que, ao final da aula, eu pensava comigo mesmo que tinha vencido o desafio do primeiro dia. Esse aluno, de início inconveniente, acabou sendo meu orientando e amigo até hoje.

Isso é educar o medo. Evidentemente, com a experiência acumulada, fica mais fácil entrar em uma nova sala de aula, mas o que não se pode é perder a emoção de cada novo encontro nem o significado da relação ensino-aprendizagem. É preciso ter medo, sim. Um medo traduzido em respeito pela educação e pelos alunos. Um medo que nos leve a estudar mais, para que o curso tenha mais saber e sabor.

Vamos, agora, falar de alguns medos que surgem nas salas de aula e que podem tornar mais difícil a relação com os alunos ou, ao contrário, podem servir de incentivo para melhorar o desempenho do professor.

1 – O medo do fracasso

Ninguém quer se sentir fracassado. O medo do fracasso pode fazer com que o professor demonstre uma posição exagerada de sucesso, que fale muito de si mesmo, da sua história, das suas conquistas, da sua importância. O que torna a relação muito desgastada. A arrogância separa as pessoas. E a humildade aproxima.

O professor tem medo que o aluno perceba que ele não domina todo o conhecimento. E isso é uma bobagem, porque se ele, na realidade, não domina completamente o conteúdo da matéria lecionada na sala de aula, é importante assumir que não sabe e se colocar como um pesquisador curioso que, junto com os seus alunos, está aberto para o conhecimento de fatos novos.

Isso já aconteceu comigo quando um aluno perguntou sobre uma personagem cujo nome não me lembrava. E foi exatamente isso o que eu disse. E o aluno insistiu. E eu continuei dizendo que nunca tinha ouvido aquele nome. E ele riu e me perguntou se eu havia lido *A República*, de Platão. Disse a ele que sim, e ele riu mais ainda dizendo que esse nome estava lá. Como eu não tinha me lembrado, respondi que ficava muito feliz de saber que ele conhecia *A República*, de Platão, e prossegui o assunto. Quando acabou a aula, cujo tema era completamente outro, ele veio conversar comigo e perguntou se eu havia ficado chateado. Eu, olhando nos olhos dele, perguntei:

– Com o quê?

– Deixa pra lá – disse ele.

Aos poucos fui percebendo que os alunos muitas vezes tendem a irritar o professor, buscando mostrar que ele não sabe tudo o que acha que sabe. É o desafio de destruir a autoridade. Ter medo do fracasso é entrar nesse *joguinho*. Evidentemente, tudo o que um aluno pergunta ou diz deve ser levado em conta, mas com discernimento para distinguir o que é importante. Valorizar excessivamente o que é secundário é perder tempo com o essencial.

2 – O medo de não ser amado

O amor é um sentimento vital. Todo ser humano tem medo de não ser amado. O pai quer ser amado pelo filho e vice-versa. A mãe também. O namorado, o amigo, o professor.

Em uma sala de aula, é comum o aluno demonstrar, vez ou outra, desinteresse pela aula. Isso não é um grande problema. Vivemos em um mundo em que a velocidade de informação destrói a capacidade de concentração. O aluno está distante por uma série de razões: porque está cansado ou triste com algum problema que nada tem a ver com a sala de aula, porque está com medo das tantas avaliações e provas que a vida exigirá dele, porque tem uma família problemática ou porque foi abandonado...

O professor tem de entender que o desinteresse não está ligado a ele especificamente. Senão o professor começa a enxergar o aluno como um adversário, um inimigo. E o seu desafio de ser amado faz com que, a todo momento, ele perca tempo dando conselhos intermináveis sobre a atenção que deve ter o aluno em uma sala de aula. Além de broncas, de reclamações. E a relação vai ficando insuportável.

Lembro-me de uma professora que gritava a plenos pulmões, dando bronca se um aluno olhasse no relógio. Para ela, era um sinal de que não era amada, de que o dito aluno não via a hora de a aula ser encerrada. E olhar no relógio não significa, necessariamente, pressa ou falta de admiração.

O amor não se impõe, conquista-se. E todo professor, mesmo que não consiga admitir, sonha em ser amado pelos seus alunos.

3 – O medo de não ser respeitado

Alguns professores insistem, desde o primeiro dia de aula, em deixar claro quem deve mandar e quem deve obedecer na sala de aula. Em vez de se preocuparem em travar um primeiro contato sedutor com os estudantes, dando uma mostra atraente do que ainda está por vir em uma matéria que provavelmente poderia ser de agrado da classe, gastam todo o tempo dizendo o que é proibido aos alunos fazerem: não podem falar, não podem perguntar, não podem ir ao banheiro, não podem interromper, não podem usar determinado tipo de roupa. E depois seguem ameaçando: a prova será dificílima, sem consulta; o conteúdo é complexo demais; é preciso que vocês estudem sem parar, senão não passarão nos concursos.

Esquecem-se, no entanto, até de mencionar o próprio nome, o porquê de terem optado por lecionar, o prazer que têm em conhecer uma nova turma ou o sabor da matéria que haverão de estudar junto com os alunos.

O início de uma relação deve ser sempre sedutor. É preciso que, ao sair da sala, o aluno fique remoendo sobre a postura e as informações dadas pelo professor. E este será respeitado não pelas regras que impôs, mas pelo fascínio que despertou em seus alunos.

O medo de não ser respeitado faz com que o professor tenha a pior das falhas na relação com os seus alunos: a arrogância.

Há algum tempo dando aulas de Didática e Metodologia do Ensino Superior, tenho trabalhado com pesquisas que os meus alunos de pós-graduação fazem com os seus alunos de graduação, e uma delas consiste num questionário sobre as qualidades e os defeitos que os estudantes mais admiram ou rechaçam em seus professores. Invariavelmente, o pior defeito apontado é o da arrogância. Depois vêm outros como a falta de didática, de conteúdo. Por outro lado, a qualidade que os alunos mais admiram não está relacionada com o nível de conhecimento demonstrado por seus professores, mas, sim, à postura assumida por eles em classe. Um professor educado já é meio caminho para o sucesso da relação com os alunos.

4 – O medo de ser esquecido

Meu muito querido professor, o ex-governador de São Paulo, André Franco Montoro, possuía muitas qualidades. Uma das que mais me emocionava era o amor que ele sentia pelos jovens. O amor e a confiança. Grande parte dos políticos de destaque no Brasil de hoje inspiram-se nesse homem de grande visão. Não tinha raiva dos jovens, por ter ele, há muito, deixado os anos de juventude que permanecia acumulada, porque não perdera o entusiasmo. Era impressionante a energia que ele passava aos seus alunos e a certeza que nos transmitia de que haveríamos de ter um futuro, com condições de construir a nossa própria história!

Professor não deve entrar em disputas com aluno. Ao entender que a sua história há de fazer parte de tantas outras histórias, o professor será capaz de compreender o sentido duradouro do seu ofício. É fácil perceber isso. Basta lembrar os mestres que já passaram pela nossa vida. Eles não foram esquecidos, ou melhor, aqueles que de fato educaram é que não foram esquecidos. É essa dignidade do mestre de ontem que precisa retornar: a dedicação, a voz adequada, o olhar sensato que corrigia e que incentivava, a cumplicidade no momento em que a incerteza falava mais forte.

O professor não pode ter medo de ser esquecido; ao contrário, deve se fazer lembrado e reverenciado por ensinamentos e ações que haverão de se reproduzir nas próximas gerações. Sócrates continua vivo e sequer deixou uma obra escrita. A sua maneira de educar, demonstrando que qualquer um poderia aprender, sua inquietação frequente, sua maiêutica, eram meios eficazes e instigantes de estimular os jovens que com ele andavam a pensarem por si próprios.

Já dissemos que o medo educado se transforma em coragem. O medo educado não congela, não paralisa, mas impulsiona para a vitória sobre o próprio medo. O medo educado faz com que, aquele que o sente, saiba que pode superá-lo. E o professor também necessita aprender a se superar. Mário de Andrade, em *Lira Paulistana*[*], fala da morte. E, ao falar da morte, faz uma homenagem à cidade em que vivia. A saudade de cada canto do seu rincão. O medo pode ser superado quando se conhece o próprio medo. A melancolia faz companhia no dizer poético de quem mesmo sabendo da morte canta e encanta a vida.

Quando eu morrer quero ficar,
Não contem aos meus inimigos,
Sepultado em minha cidade,
Saudade.

---

[*] ANDRADE, Mário de. *Lira Paulistana*. In: Livro - De São Paulo - Cinco Crônicas de Mário Andrade. São Paulo: Senac, 2004.

*Meus pés enterrem na rua Aurora,
No Paissandu deixem meu sexo,
Na Lopes Chaves a cabeça
Esqueçam.*

*No Pátio do Colégio afundem
O meu coração paulistano:
Um coração vivo e um defunto
Bem juntos.*

*Escondam no Correio o ouvido
Direito, o esquerdo nos Telégrafos,
Quero saber da vida alheia,
Sereia.
O nariz guardem nos rosais,
A língua no alto do Ipiranga
Para cantar a liberdade.
Saudade...*

*Os olhos lá no Jaraguá
Assistirão ao que há de vir,
O joelho na Universidade,
Saudade...*

*As mãos atirem por aí,
Que desvivam como viveram,
As tripas atirem pro Diabo,
Que o espírito será de Deus.
Adeus.*

Capítulo VI

Os sonhos contemporâneos do professor

De início, quero me reportar a um belo conto de Machado de Assis: *Pai contra mãe*.

A ESCRAVIDÃO levou consigo ofícios e aparelhos, como terá sucedido a outras instituições sociais. Não cito alguns aparelhos senão por se ligarem a certo ofício. Um deles era o ferro ao pescoço, outro o ferro ao pé; havia também a máscara de folha de flandres. A máscara fazia perder o vício da embriaguez aos escravos, por lhes tapar a boca. Tinha só três buracos, dous para ver, um para respirar, e era fechada atrás da cabeça por um cadeado. Com o vício de beber, perdiam a tentação de furtar, porque geralmente era dos vinténs do senhor que eles tiravam com que matar a sede, e aí ficavam dous pecados extintos, e a sobriedade e a honestidade certas. Era grotesca tal máscara, mas a ordem social e humana nem sempre se alcança sem o grotesco e, alguma vez, o cruel.

Os funileiros as tinham penduradas, à venda, na porta das lojas. Mas não cuidemos de máscaras.

O ferro ao pescoço era aplicado aos escravos fujões. Imaginai uma coleira grossa, com a haste grossa também à direita ou à esquerda, até ao alto da cabeça e fechada atrás com chave. Pesava, naturalmente, mas era menos castigo que sinal. Escravo que fugia assim, onde quer que andasse, mostrava um reincidente, e com pouco era pegado.

Há meio século, os escravos fugiam com frequência. Eram muitos, e nem todos gostavam da escravidão. Sucedia ocasionalmente apanharem pancada, e nem todos gostavam de apanhar pancada. Grande parte era apenas repreendida; havia alguém de casa que servia de padrinho, e o mesmo dono não era mau; além disso, o sentimento da propriedade moderava a ação, porque dinheiro também dói. A fuga repetia-se, entretanto. Casos houve, ainda que raros, em que o escravo de contrabando, apenas comprado no Valongo, deitava a correr, sem conhecer as ruas da cidade. Dos que seguiam para casa, não raro, apenas ladinos, pediam ao senhor que lhes marcasse aluguel, e iam ganhá-lo fora, quitandando.

Quem perdia um escravo por fuga dava algum dinheiro a quem lho levasse. Punha anúncios nas folhas públicas, com os sinais do fugido, o nome, a roupa, o defeito físico, se o tinha, o bairro por onde andava e a quantia de gratificação. Quando não vinha a quantia, vinha promessa: "gratificar-se-á generosamente", – ou "receberá uma boa gratificação". Muita vez o anúncio trazia em cima ou ao lado uma vinheta, figura de pre-

to, descalço, correndo, vara ao ombro, e na ponta uma trouxa. Protestava-se com todo o rigor da lei contra quem o acoutasse.

Ora, pegar escravos fugidios era um ofício do tempo. Não seria nobre, mas por ser instrumento da força com que se mantêm a lei e a propriedade, trazia esta outra nobreza implícita das ações reivindicadoras. Ninguém se metia em tal ofício por desfastio ou estudo; a pobreza, a necessidade de uma achega, a inaptidão para outros trabalhos, o acaso, e alguma vez o gosto de servir também, ainda que por outra via, davam o impulso ao homem que se sentia bastante rijo para pôr ordem à desordem.

Cândido Neves —, em família, Candinho —, é a pessoa a quem se liga a história de uma fuga, cedeu à pobreza, quando adquiriu o ofício de pegar escravos fugidos. Tinha um defeito grave esse homem, não aguentava emprego nem ofício, carecia de estabilidade; é o que ele chamava caiporismo. Começou por querer aprender tipografia, mas viu cedo que era preciso algum tempo para compor bem, e ainda assim talvez não ganhasse o bastante; foi o que ele disse a si mesmo. O comércio chamou-lhe a atenção, era carreira boa. Com algum esforço entrou de caixeiro para um armarinho. A obrigação, porém, de atender e servir a todos feria-o na corda do orgulho, e ao cabo de cinco ou seis semanas estava na rua por sua vontade. Fiel de cartório, contínuo de uma repartição anexa ao Ministério do Império, carteiro e outros empregos foram deixados pouco depois de obtidos.

Quando veio a paixão da moça Clara, não tinha ele mais que dívidas, ainda que poucas, porque morava com um primo, entalhador de ofício. Depois de várias tentativas para obter emprego, resolveu adotar o ofício do primo, de que aliás já *tomara algumas lições. Não lhe custou apanhar outras, mas, querendo aprender depressa, aprendeu mal. Não fazia obras finas nem complicadas, apenas garras para sofás e relevos comuns para cadeiras. Queria ter em que trabalhar quando casasse, e o casamento não se demorou muito.*

Contava trinta anos. Clara vinte e dous. Ela era órfã, morava com uma tia, Mônica, e cosia com ela. Não cosia tanto que não namorasse o seu pouco, mas os namorados apenas queriam matar o tempo; não tinham outro empenho. Passavam às tardes, olhavam muito para ela, ela para eles, até que a noite a fazia recolher para a costura. O que ela notava é que nenhum deles lhe deixava saudades nem lhe acendia desejos. Talvez nem soubesse o nome de muitos. Queria casar, naturalmente. Era, como lhe dizia a tia, um pescar de caniço, a ver se o peixe pegava, mas o peixe passava de longe; algum que parasse, era só para andar à roda da isca, mirá-la, cheirá-la, deixá-la e ir a outras.

O amor traz sobrescritos. Quando a moça viu Cândido Neves, sentiu que era este o possível marido, o marido verdadeiro e único. O encontro deu-se em um baile; tal foi – para lembrar o primeiro ofício do namorado, – tal foi a página inicial daquele livro, que tinha de sair mal composto e pior brochado. O casamento fez-se onze meses depois, e foi a mais bela festa das relações dos noivos. Amigas de Clara, menos por amizade que por inveja, tentaram arredá-la do passo que ia dar. Não negavam a gentileza do noivo, nem o amor que lhe tinha, nem ainda algumas virtudes; diziam que era dado em demasia a patuscadas.

— *Pois ainda bem, replicava a noiva; ao menos, não caso com defunto.*

— *Não, defunto não; mas é que...*

Não diziam o que era. Tia Mônica, depois do casamento, na casa pobre onde eles se foram abrigar, falou-lhes uma vez nos filhos possíveis. Eles queriam um, um só, embora viesse agravar a necessidade.

— *Vocês, se tiverem um filho, morrem de fome, disse a tia à sobrinha.*

— *Nossa Senhora nos dará de comer, acudiu Clara. Tia Mônica devia ter-lhes feito a advertência, ou ameaça, quando ele lhe foi pedir a mão da moça; mas também ela era amiga de patuscadas, e o casamento seria uma festa, como foi.*

A alegria era comum aos três. O casal ria a propósito de tudo. Os mesmos nomes eram objeto de trocados, Clara, Neves, Cândido; não davam que comer, mas davam que rir, e o riso digeria-se sem esforço.

Ela cosia agora mais, ele saía a empreitadas de uma cousa e outra; não tinha emprego certo.

Nem por isso abriam mão do filho. O filho é que, não sabendo daquele desejo específico, deixava-se estar escondido na eternidade. Um dia, porém, deu sinal de si a criança; varão ou fêmea, era o fruto abençoado que viria trazer ao casal a suspirada ventura. Tia Mônica ficou desorientada, Cândido e Clara riram dos seus sustos.

— *Deus nos há de ajudar, titia, insistia a futura mãe.*

A notícia correu de vizinha a vizinha. Não houve mais que espreitar a aurora do dia grande. A esposa trabalhava agora com mais vontade, e assim era preciso, uma vez que, além das costuras pagas, tinha de ir fazendo com retalhos o enxoval da criança. À força de pensar nela, vivia já com ela, media-lhe fraldas, cosia-lhe camisas. A porção era escassa, os intervalos longos. Tia Mônica ajudava, é certo, ainda que de má vontade.

— Vocês verão a triste vida, suspirava ela.

— Mas as outras crianças não nascem também? perguntou Clara.

— Nascem, e acham sempre alguma cousa certa que comer, ainda que pouco...

— Certa como?

— Certa, um emprego, um ofício, uma ocupação, mas em que é que o pai dessa infeliz criatura que aí vem gasta o tempo?

Cândido Neves, logo que soube daquela advertência, foi ter com a tia, não áspero, mas muito menos manso que de costume, e lhe perguntou se já algum dia deixara de comer.

— A senhora ainda não jejuou senão pela semana santa, e isso mesmo quando não quer jantar comigo. Nunca deixamos de ter o nosso bacalhau...

— Bem sei, mas somos três.

— Seremos quatro.

— Não é a mesma cousa.

— Que quer então que eu faça, além do que faço?

— Alguma cousa mais certa. Veja o marceneiro da esquina, o homem do armarinho, o tipógrafo que casou sábado,

todos têm um emprego certo... Não fique zangado; não digo que você seja vadio, mas a ocupação que escolheu é vaga. Você passa semanas sem vintém.

— Sim, mas lá vem uma noite que compensa tudo, até de sobra. Deus não me abandona, e preto fugido sabe que comigo não brinca; quase nenhum resiste, muitos entregam-se logo.

Tinha glória nisto, falava da esperança como de capital seguro. Daí a pouco ria, e fazia rir à tia, que era naturalmente alegre, e previa uma patuscada no batizado.

Cândido Neves perdera já o ofício de entalhador, como abrira mão de outros muitos, melhores ou piores. Pegar escravos fugidos trouxe-lhe um encanto novo. Não obrigava a estar longas horas sentado. Só exigia força, olho vivo, paciência, coragem e um pedaço de corda. Cândido Neves lia os anúncios, copiava-os, metia-os no bolso e saía às pesquisas. Tinha boa memória. Fixados os sinais e os costumes de um escravo fugido, gastava pouco tempo em achá-lo, segurá-lo, amarrá-lo e levá-lo. A força era muita, a agilidade também. Mais de uma vez, a uma esquina, conversando de cousas remotas, via passar um escravo como os outros, e descobria logo que ia fugido, quem era, o nome, o dono, a casa deste e a gratificação; interrompia a conversa e ia atrás do vicioso. Não o apanhava logo, espreitava lugar azado, e de um salto tinha a gratificação nas mãos. Nem sempre saía sem sangue, as unhas e os dentes do outro trabalhavam, mas geralmente ele os vencia sem o menor arranhão.

Um dia os lucros entraram a escassear. Os escravos fugidos não vinham já, como dantes, meter-se nas mãos de Cândido

Neves. Havia mãos novas e hábeis. Como o negócio crescesse, mais de um desempregado pegou em si e numa corda, foi aos jornais, copiou anúncios e deitou-se à caçada. No próprio bairro havia mais de um competidor. Quer dizer que as dívidas de Cândido Neves começaram de subir, sem aqueles pagamentos prontos ou quase prontos dos primeiros tempos. A vida fez-se difícil e dura. Comia-se fiado e mal; comia-se tarde. O senhorio mandava pelos aluguéis.

Clara não tinha sequer tempo de remendar a roupa ao marido, tanta era a necessidade de coser para fora. Tia Mônica ajudava a sobrinha, naturalmente. Quando ele chegava à tarde, via-se-lhe pela cara que não trazia vintém. Jantava e saía outra vez, à cata de algum fugido. Já lhe sucedia, ainda que raro, enganar-se de pessoa, e pegar em escravo fiel que ia a serviço de seu senhor; tal era a cegueira da necessidade. Certa vez capturou um preto livre; desfez-se em desculpas, mas recebeu grande soma de murros que lhe deram os parentes do homem.

— É o que lhe faltava! exclamou a tia Mônica, ao vê-lo entrar, e depois de ouvir narrar o equívoco e suas consequências. Deixe-se disso, Candinho; procure outra vida, outro emprego.

Cândido quisera efetivamente fazer outra cousa, não pela razão do conselho, mas por simples gosto de trocar de ofício; seria um modo de mudar de pele ou de pessoa. O pior é que não achava à mão negócio que aprendesse depressa.

A natureza ia andando, o feto crescia, até fazer-se pesado à mãe, antes de nascer. Chegou o oitavo mês, mês de angústias e necessidades, menos ainda que o nono, cuja narração dispenso também. Melhor é dizer somente os seus efeitos. Não podiam ser mais amargos.

— Não, tia Mônica! bradou Candinho, recusando um conselho que me custa escrever, quanto mais ao pai ouvi-lo. Isso nunca!

Foi na última semana do derradeiro mês que a tia Mônica deu ao casal o conselho de levar a criança que nascesse à Roda dos Enjeitados. Em verdade, não podia haver palavra mais dura de tolerar a dous jovens pais que espreitavam a criança, para beijá-la, guardá-la, vê-la rir, crescer, engordar, pular... Enjeitar quê? Enjeitar como? Candinho arregalou os olhos para a tia, e acabou dando um murro na mesa de jantar. A mesa, que era velha e desconjuntada, esteve quase a se desfazer inteiramente. Clara interveio.

— Titia não fala por mal, Candinho.

— Por mal? replicou tia Mônica. Por mal ou por bem, seja o que for, digo que é o melhor que vocês podem fazer. Vocês devem tudo; a carne e o feijão vão faltando. Se não aparecer algum dinheiro, como é que a família há de aumentar? E depois, há tempo; mais tarde, quando o senhor tiver a vida mais segura, os filhos que vierem serão recebidos com o mesmo cuidado que este ou maior. Este será bem criado, sem lhe faltar nada. Pois então a Roda é alguma praia ou monturo? Lá não se mata ninguém, ninguém morre à toa, enquanto que aqui é certo morrer, se viver à míngua. Enfim...

Tia Mônica terminou a frase com um gesto de ombros, deu as costas e foi meter-se na alcova. Tinha já insinuado aquela solução, mas era a primeira vez que o fazia com tal franqueza e calor —, crueldade, se preferes. Clara estendeu a mão ao marido, como a amparar-lhe o ânimo; Cândido Neves fez uma careta, e chamou maluca à tia, em voz baixa. A ternura dos dous foi interrompida por alguém que batia à porta da rua.

— Quem é? — perguntou o marido.

— Sou eu.

Era o dono da casa, credor de três meses de aluguel, que vinha em pessoa ameaçar o inquilino. Este quis que ele entrasse.

— Não é preciso...

— Faça favor.

O credor entrou e recusou sentar-se, deitou os olhos à mobília para ver se daria algo à penhora; achou que pouco. Vinha receber os aluguéis vencidos, não podia esperar mais; se dentro de cinco dias não fosse pago, pô-lo-ia na rua. Não havia trabalhado para regalo dos outros. Ao vê-lo, ninguém diria que era proprietário; mas a palavra supria o que faltava ao gesto, e o pobre Cândido Neves preferiu calar a retorquir. Fez uma inclinação de promessa e súplica ao mesmo tempo. O dono da casa não cedeu mais.

— Cinco dias ou rua! — repetiu, metendo a mão no ferrolho da porta e saindo.

Candinho saiu por outro lado. Nesses lances não chegava nunca ao desespero, contava com algum empréstimo, não sabia como nem onde, mas contava. Demais, recorreu aos anúncios. Achou vários, alguns já velhos, mas em vão os buscava desde muito. Gastou algumas horas sem proveito, e tornou para casa. Ao fim de quatro dias, não achou recursos; lançou mão de empenhos, foi a pessoas amigas do proprietário, não alcançando mais que a ordem de mudança.

A situação era aguda. Não achavam casa, nem contavam com pessoa que lhes emprestasse alguma; era ir para a rua. Não contavam com a tia. Tia Mônica teve arte de alcançar aposento para os três em casa de uma senhora velha e rica, que lhe prometeu emprestar os quartos baixos da casa, ao fundo da cocheira, para os lados de um pátio. Teve ainda a arte maior de não dizer nada aos dous, para que Cândido Neves, no desespero da crise começasse por enjeitar o filho e acabasse alcançando algum meio seguro e regular de obter dinheiro; emendar a vida, em suma. Ouvia as queixas de Clara, sem as repetir, é certo, mas sem as consolar. No dia em que fossem obrigados a deixar a casa, fá-los-ia espantar com a notícia do obséquio e iriam dormir melhor do que cuidassem.

Assim sucedeu. Postos fora da casa, passaram ao aposento de favor, e dous dias depois nasceu a criança. A alegria do pai foi enorme, e a tristeza também. Tia Mônica insistiu em dar a criança à Roda. "Se você não a quer levar, deixe isso comigo; eu vou à Rua dos Barbonos." Cândido Neves pediu que não, que esperasse, que ele mesmo a levaria. Notai que era um menino, e que ambos os pais desejavam justamente este sexo. Mal lhe deram algum leite; mas, como chovesse à noite, assentou o pai levá-lo à Roda na noite seguinte.

Naquela reviu todas as suas notas de escravos fugidos. As gratificações pela maior parte eram promessas; algumas traziam a soma escrita e escassa. Uma, porém, subia a cem mil-réis. Tratava-se de uma mulata; vinham indicações de gesto e de vestido. Cândido Neves andara a pesquisá-la sem melhor fortuna, e abrira mão do negócio; imaginou que algum amante da escrava a houvesse recolhido. Agora, porém, a vista nova da quantia e a necessidade dela animaram Cândido Neves a fazer um grande esforço derradeiro. Saiu de manhã a ver e indagar pela Rua e Largo da Carioca, Rua do Parto e da Ajuda, onde ela parecia andar, segundo o anúncio. Não a achou; apenas um farmacêutico da Rua da Ajuda se lembrava de ter vendido uma onça de qualquer droga, três dias antes, à pessoa que tinha os sinais indicados. Cândido Neves parecia falar como dono da escrava, e agradeceu cortesmente a notícia. Não foi mais feliz com outros fugidos de gratificação incerta ou barata.

Voltou para a triste casa que lhe haviam emprestado. Tia Mônica arranjara de si mesma a dieta para a recente mãe, e tinha já o menino para ser levado à Roda. O pai, não obstante o acordo feito, mal pôde esconder a dor do espetáculo. Não quis comer o que tia Mônica lhe guardara; não tinha fome, disse, e era verdade. Cogitou mil modos de ficar com o filho; nenhum prestava. Não podia esquecer o próprio albergue em que vivia. Consultou a mulher, que se mostrou resignada. Tia Mônica pintara-lhe a criação do menino; seria maior a miséria, podendo suceder que o filho achasse a morte sem recurso.

Cândido Neves foi obrigado a cumprir a promessa; pediu à mulher que desse ao filho o resto do leite que ele beberia da mãe. Assim se fez; o pequeno adormeceu, o pai pegou dele, e saiu na direção da Rua dos Barbonos.

Que pensasse mais de uma vez em voltar para casa com ele, é certo; não menos certo é que o agasalhava muito, que o beijava, que cobria o rosto para preservá-lo do sereno. Ao entrar na Rua da Guarda Velha, Cândido Neves começou a afrouxar o passo. Hei de entregá-lo o mais tarde que puder, murmurou ele. Mas não sendo a rua infinita ou sequer longa, viria a acabá-la; foi então que lhe ocorreu entrar por um dos becos que ligavam aquela à Rua da Ajuda. Chegou ao fim do beco e, indo a dobrar à direita, na direção do Largo da Ajuda, viu do lado oposto um vulto de mulher; era a mulata fugida. Não dou aqui a comoção de Cândido Neves por não podê-lo fazer com a intensidade real. Um adjetivo basta; digamos enorme. Descendo a mulher, desceu ele também; a poucos passos estava a farmácia onde obtivera a informação, que referi acima. Entrou, achou o farmacêutico, pediu-lhe a fineza de guardar a criança por um instante; viria buscá-la sem falta.

— Mas...

Cândido Neves não lhe deu tempo de dizer nada; saiu rápido, atravessou a rua, até ao ponto em que pudesse pegar a mulher sem dar alarma. No extremo da rua, quando ela ia a descer a de S. José, Cândido Neves aproximou-se dela. Era a mesma, era a mulata fujona. — Arminda! — bradou, conforme a nomeava o anúncio.

Arminda voltou-se sem cuidar malícia. Foi só quando ele, tendo tirado o pedaço de corda da algibeira, pegou dos braços da escrava, que ela compreendeu e quis fugir. Era já impossível. Cândido Neves, com as mãos robustas, atava-lhe os pulsos e dizia que andasse. A escrava quis gritar, parece que chegou a soltar alguma voz mais alta que de costume, mas entendeu logo que ninguém viria libertá-la, ao contrário. Pediu então que a soltasse pelo amor de Deus.

— Estou grávida, meu senhor! — exclamou. Se Vossa Senhoria tem algum filho, peço-lhe por amor dele que me solte; eu serei tua escrava, vou servi-lo pelo tempo que quiser. Me solte, meu senhor moço!

— Siga! repetiu Cândido Neves.

— Me solte!

— Não quero demoras; siga!

Houve aqui luta, porque a escrava, gemendo, arrastava-se a si e ao filho. Quem passava ou estava à porta de uma loja, compreendia o que era e naturalmente não acudia. Arminda ia alegando que o senhor era muito mau, e provavelmente a castigaria com açoutes —, cousa que, no estado em que ela estava, seria pior de sentir. Com certeza, ele lhe mandaria dar açoutes.

— Você é que tem culpa. Quem lhe manda fazer filhos e fugir depois? — perguntou Cândido Neves.

Não estava em maré de riso, por causa do filho que lá ficara na farmácia, à espera dele. Também é certo que não costumava dizer grandes cousas. Foi arrastando a escrava pela Rua dos Ourives, em direção à da Alfândega, onde residia o senhor. Na esquina desta a luta cresceu; a escrava pôs os pés à parede, recuou com grande esforço, inutilmente. O que alcançou foi, apesar de ser a casa próxima, gastar mais tempo em lá chegar do que devera. Chegou, enfim, arrastada, desesperada, arquejando. Ainda ali ajoelhou-se, mas em vão. O senhor estava em casa, acudiu ao chamado e ao rumor.

— Aqui está a fujona, disse Cândido Neves.
— É ela mesma.
— Meu senhor!
— Anda, entra...

Arminda caiu no corredor. Ali mesmo o senhor da escrava abriu a carteira e tirou os cem mil-réis de gratificação. Cândido Neves guardou as duas notas de cinquenta mil-réis, enquanto o senhor novamente dizia à escrava que entrasse. No chão, onde jazia, levada do medo e da dor, e após algum tempo de luta a escrava abortou.

O fruto de algum tempo entrou sem vida neste mundo, entre os gemidos da mãe e os gestos de desespero do dono. Cândido Neves viu todo esse espetáculo. Não sabia que horas eram. Quaisquer que fossem, urgia correr à Rua da Ajuda, e foi o que ele fez sem querer conhecer as consequências do desastre.

Quando lá chegou, viu o farmacêutico sozinho, sem o filho que lhe entregara. Quis esganá-lo. Felizmente, o farmacêutico explicou tudo a tempo; o menino estava lá dentro com a família, e ambos entraram. O pai recebeu o filho com a mesma fúria com que pegara a escrava fujona de há pouco, fúria diversa, naturalmente, fúria de amor. Agradeceu depressa e mal, e saiu às carreiras, não para a Roda dos Enjeitados, mas para a casa de empréstimo com o filho e os cem mil-réis de gratificação. Tia Mônica, ouvida a explicação, perdoou a volta do pequeno, uma vez que trazia os cem mil-réis. Disse, é verdade, algumas palavras duras contra a escrava, por causa do aborto, além da fuga. Cândido Neves, beijando o filho, entre lágrimas, verdadeiras, abençoava a fuga e não se lhe dava do aborto.

– Nem todas as crianças vingam, bateu-lhe o coração.

Esse conto trata de sonhos cuja concretização resulta da destruição dos sonhos de outrem. Evidentemente, estamos falando de um período em que a Ética ainda não tinha ensinado que todos – independentemente de qualquer diferença – têm direito à dignidade.

O conto permite outras reflexões. Quando a educação deixa de moldar uma sociedade com base em valores corretos, os valores errados ganham espaço. Não se percebia em tempo de escravidão que o escravo tinha também sentimentos. Os sonhos de um branco mereciam esforço para serem realizados; os do negro, não. Não tinham importância alguma.

Os tempos são outros, mas a atualidade do conto de Machado nos leva a refletir sobre sonhos necessários que respeitam sonhos alheios.

Tenho escrito muitos livros para educadores. Alguns temas eu faço questão de repetir em todos eles. Com outra roupagem, naturalmente. Até porque se aprende o tempo todo com novas leituras, com a releitura das obras antigas e com histórias que por aí se cruzam. Aprendo com professores que me ensinam no momento em que me indagam. Aprendo com alunos. Aprendo com os relatos de experiências ousadas que conseguiram desmistificar um dogma educacional. E quantos há por aí que ainda precisam ser destruídos!

Paulo Freire não se preocupava quando lhe diziam que era ingênuo; pelo contrário, confessava o seu amor pelos alunos e o seu sonho em construir uma sociedade melhor, por meio da educação. O sonho de quem não tem medo nem vergonha de defender o oprimido, e de por ele lutar.

Eis sua confissão, extraída da obra *Pedagogia da Autonomia**:

Sou professor a favor da decência contra o despudor, a favor da liberdade contra o autoritarismo, da autoridade contra a licenciosidade, da democracia contra a ditadura de direita ou da esquerda. Sou professor a favor da luta constante contra qualquer forma de discriminação, contra a dominação econômica dos indivíduos ou das classes sociais. Sou professor con-

---

* FREIRE, Paulo. *Pedagogia da Autonomia: saberes necessários à prática educativa.* São Paulo: Paz e Terra, 2002.

tra a ordem capitalista vigente que inventou esta aberração: a miséria na fartura. Sou professor a favor da esperança que me anima apesar de tudo. Sou professor contra o desengano que me consome e imobiliza. Sou professor a favor da boniteza de minha própria prática, boniteza que dela some se não cuido do saber que devo ensinar, se não brigo por esse saber, se não luto pelas condições materiais necessárias sem as quais meu corpo, descuidado, corre o risco de se amofinar e de já não ser o testemunho que deve ser de lutador pertinaz, que cansa, mas não desiste. Boniteza que se esvai de minha prática se, cheio de mim mesmo, arrogante e desdenhoso dos alunos, não canso de me admirar.

Assim como não posso ser professor sem me achar capacitado para ensinar certo e bem os conteúdos de minha disciplina, não posso, por outro lado, reduzir minha prática docente ao puro ensino daqueles conteúdos. Esse é um momento apenas de minha atividade pedagógica. Tão importante quanto ele, o ensino dos conteúdos, é o meu testemunho ético ao ensiná-los. É a decência com que o faço. É a preparação científica revelada sem arrogância, pelo contrário, com humildade. E o respeito jamais negado ao educando, a seu saber de "experiência feito", que busco superar com ele. Tão importante quanto o ensino dos conteúdos é a minha coerência na classe. A coerência entre o que eu digo, o que escrevo e o que faço.

Esse testemunho de vida de Paulo Freire deve nos motivar a escrever o nosso próprio testemunho.

Quem não sonha, não semeia nem educa. Quem não tem esperança envelhece antes do tempo e vive de amarguras, amargurando os outros.

Os sonhos contemporâneos dos professores precisam estar fortalecidos o suficiente para vencerem as numerosas barreiras que impedem que a aprendizagem se construa com a força que lhe é necessária.

Sonhar que todos os alunos aprendam sem tropeços, que todos serão educados, que não haverá dificuldade de relacionamento com os outros professores, que os pais acompanharão em casa tudo o que a escola sugerir, que governos e patrões entenderão a importância do professor, não é proibido. Sonhar com o ideal de uma sociedade sem tropeços nos é permitido.

O que não pode acontecer com o professor é a falta de compromisso com sua prática pedagógica, justificada pela ociosidade dos outros. Nada demonstra com maior clareza a falta de consciência das amplas possibilidades do trabalho pedagógico que a desculpa de que, se o governo não considera a educação uma prioridade, os gestores são autoritários e as famílias não assumem sua parcela de responsabilidade no processo educacional, não há como se exigir um melhor desempenho do professor.

É preciso contemplar as paisagens, apesar da estrada pedregosa que tanto atrapalha. Há duas arenas distintas. Há duas lutas a serem enfrentadas. Uma deve visar à adoção de políticas públicas que, de fato, valorizem o professor. A outra tem por finalidade a recuperação e o fortalecimento da confiança, do respeito e, sobretudo, do senso de compromisso e de responsabilidade que, necessariamente, deve existir entre educadores e educandos, e sem o qual, fatalmente, o objetivo maior da educação – transmitir conhecimentos e desenvolver as faculdades humanas essenciais à realização pessoal e à integração social dos indivíduos – corre o risco de ser negligenciado.

O professor tem de sonhar, sim, senão a esperança se esvai. Sonhar consigo mesmo e com o seu nobre poder de ensinar. Sonhar com alunos que sairão das salas de aula dispostos a se entregar, de forma decente, à tarefa de construir um mundo mais harmonioso. Alunos que saibam respeitar o outro e o seu espaço.

Por isso sou professor, e me confesso apaixonado por essa profissão, porque tenho consciência de que faço parte de uma plêiade de realizadores, que não desistem, que não se entregam. Sou professor porque enxergo os meus alunos, mesmo aqueles que estão empoeirados pelo desânimo ou pela ignorância. Mesmo aqueles que não aprenderam as lições mínimas de respeito. Sou professor porque enxergo limpeza embaixo da sujeira, boniteza embaixo da feiura, esperança escondida atrás do medo e da covardia.

Sou professor porque gosto dos outros professores com quem aprendo o tempo todo. Gosto das conversas sobre as aulas e os seus desafios. Gosto do riso gostoso que surge quando me lembro de algo engraçado que algum aluno mais irreverente suscitou. Gosto de sentir saudade quando mais uma turma se vai.

Vão todos eles, aqueles que aprenderam um pouco mais a sonhar e a viver. Gosto de ser semeador. A semeadura é o meu ofício. É o meu prazer. É por isso que se me perguntarem como me vejo daqui a cinquenta anos, eu sem dúvida responderei: dando aulas ou, se preferirem, semeando esperança.

Impressão e Acabamento